マンシ　穴

長嶋 修　さくら事務所
Nagashima Osamu　Sakurajimusho

小学館新書

マンションバブル41の落とし穴

目次

第2章 ● 理想のマンションと出会うための必勝プロセス

新築物件に負けない価格を維持するために

はじめに

「さあ、いよいよこの時が来た」

15年ほど前から社会の大変革を想定していた筆者が現在の世の中を眺めると、ある種の感慨を覚えます。

多くの人が気づいていることと思いますが、今は歴史的な大変革期にあたります。戦後、あるいは明治維新以降形作られた従来型の社会構造が破壊されていくと同時に、あらゆる既成の価値観も転換しつつあります。一方ではＡＩ化・ロボット化などテクノロジーの進展も相まって、さまざまな場面においてこれまでの常識が通じなくなってきました。この怒涛の変化の波はとどまることを知らず、もう戻れません。

２００８年９月15日にいわゆる「リーマン・ショック」が起きましたが、その前年の暮れ、新築マンションデベロッパー幹部が集まる忘年会で私は「来年の今頃は、ここにいる会社の半分はなくなっているでしょう」と発言し、大変な顰蹙《ひんしゅく》を買いました。が、結果はその通りになってしまいました。

また2022年2月に上梓した『バブル再び　日経平均株価が4万円を超える日』（小学館新書）ではタイトル通り、日経平均株価4万円超えを予想したのですが、当時の株価は2万5000〜6000円程度であり、またトレンドも弱くどちらかというと下降気味で、社会風潮的も総じて悲観的であったことから、多くの批判を浴びましたが、やはり結果はその通りになりました。

自慢をしたいわけではありません。気づいてほしいのです。これから起きる大きな変化を予想・予測するとき、私たちには何重もの既存のフィルターがかかってしまっており、判断力を鈍らされていることに。もっとも、多少判断力が鈍くても世の中がある種の定常状態にあるときは、特に大きな問題にはなりません。しかし現代のような大きな社会的変革期においては、そのフィルターが大きく邪魔をして、これに気づかないと将来の見立てについて見誤るどころか、正反対の認識を持つことすらあるのです。

たとえば「メディア」というフィルター。テレビや新聞・雑誌・ネットから流れてくるニュースや専門家の意見を聞くと、あたかも社会がそのような風潮であるかのように錯覚します。しかしこれが間違いです。１９９０年のバブル崩壊を予想できた人はほぼいなかったどころか、崩壊後もしばらくの間は「また元に戻るだろう」と思っていた人が大半だったのです。前述のリーマン・ショックや日経平均株価４万円超えも、直前までは少数派でした。大多数の意見のことを一般に「世論」などと言いますが、世論というものは常に正しいとは限らず、しばしば大きく間違うのです。

また「教育」「学問」というフィルター。たとえば経済学の世界では、現在のような日米欧の同時的な、際限のない金融緩和など想定していませんでしたし、そもそも今、市場にどの程度のマネーが生み出されているか把握している専門家は少数派です。また「専門家」というものは、各業界においてそつのないオピニオン、つまりほかの専門家から見ておかしくない妥当な意見を出しがちになるものです。

しかし一方、世の言論に惑わされず本当のことを知りたいと思えば、それはそれで世の中には「落とし穴」がいっぱいです。一人１台のスマホを持つ現代では、いわゆる陰謀論と呼ばれるような極端な意見や見立てに左右されてしまう人もいます。これはある種の宗教に似ていて、一度はまってしまうとなかなか元に戻れません。世論にはしばしば間違いがあり、突っ込んで情報収集すれば今度は陰謀論に巻き込まれる。何とも危うい時代です。しかし歴史を振り返れば、現代のような社会の大変革期には往々にしてこのようなことが起きています。そして未来を見通すことができる人はいつの時代でも少数派です。

このような時代に私たちは何を考え、どう生きていけばいいのでしょうか。具体的な見立てについては筆者のYouTube『長嶋修の〝日本と世界の未来を読む〟』をご覧いただきたいのですが、本書の本題に入る前に過去数年間の不動産市場の動向を振り返っておきましょう。

2020年以降のコロナ禍は、いやおうなく私たちのあり方を一変させました。緊急事態宣言などの行動制限やマスク着用の励行、学校や職場のリモート推奨などの一連の事象は昨今、やや落ち着きを取り戻しましたが、ある種の社会的異常事態のなかで戸惑ったり不安な心理状態に陥った方も多いのではないでしょうか。一方、「新常態」とも言える状況のなかで、たとえば通勤不要となったリモートワーク下で、都心・都市部から地方へ移住し人生を一変させた人もいます。フルリモートがかなわず週に数回の出社が必要な場合でも、通勤負担は大幅に軽減され、やはり都心・大都市部から離れた立地に拠点を移したり、2地域居住などを開始した向きも多く見られました。

2020年の緊急事態宣言が明けると「都心・駅前・駅近・大規模・タワー」といったマンション価格が一段の上昇を開始します。もっともこのように立地が良く、利便性の高いマンション価格は2012年の民主党から自民党への政権交代以降、ほぼ一貫して上昇を続けてきたため、その割高感を嫌った向きが、都市郊外の一戸建てに流れるといった動きも見られました。このような動きが落ち着きを見せ始めたのは2023年あたりです。

そして2024年、日経平均株価が1989年の38915円を超えるどころか史上最高値の4万円を更新し、同時にビットコイン、イーサリアムといった仮想通貨やゴールドといった現物も史上最高値を更新する「資産全面高」の様相を呈しています。

折しも日本経済は長く続いたデフレ経済に潮目の変化が起き、2024年3月には日銀がマイナス金利政策の解除を決定、インフレ経済へと転換しつつあります。給与所得者の給与も上昇傾向にあり、各企業が続々と賃上げを公表しています。

立地が良く利便性が高い都心のマンション価格は、新築・中古とも1億円を簡単に超え、やすやすと手を出せる水準ではなくなっています。詳しくは本文で触れますが、都心マンション価格と日経平均株価には強い相関があるため、さらなる上昇の可能性はあっても、下がることはまず考えにくいでしょう。

こうした状況を受けてマスコミは「マンションバブル」などと騒ぎたてますが、昨今の不動産市場は実はバブルでも何でもなく、従って崩壊も起きません。1990年のバブル期、日本の土地資産額は2000兆円を超えていましたが、現在では1000兆円程度と半減。日本の不動産市場はこの30数年で順調に、一貫して縮小し続けているのです。

また1990年のマンション価格1億円と今の1億円を比較するのも無理があります。

昨今の超低金利下で1億円を借りた場合、※毎月の支払額は24・7万円。バブル期の住宅ローン金利水準は7～8%で、毎月の支払いは優に60万円を超えます。バブル期と同じ支払額なら2・6億円の住宅ローンを借りる必要があります。このように、金利水準が圧倒的に異なる状況でマンション価格を当時と現在で比較しても意味はなく、価格だけに着目して、雰囲気だけでバブルだと騒いでいるのでしょう。

またバブル期に東京23区内でマンションを買えるサラリーマンはほぼ皆無でした。彼らが求めた住宅は郊外の神奈川・埼玉・千葉。それもバス便立地が多数ありました。時には栃木・群馬でも分譲が行われそこに住むといった行動様式も目立ったのです。

さらに大きく俯瞰すれば、バブル期と現代ではマネー総量が全然違います。マンションなど資産の価格が上がっているというよりは、通貨の価値が下がっている可能性が高いのです。総量1000の1万円と、総量10000の1万円では、その価値は10分の1になるということです。一見バブルのような様相を呈していても、現在と1990年のバブル期とは、状況が大きく異なるのです。

このように目を惑わすさまざまなフィルターが錯綜している危うい時代に、マンションの購入や売却、あるいは住んでいるマンションの資産性の向上を、誤った「落とし穴」に陥ることなく行うには、専門的な知識と見識が必要です。どんな情報が古くて不要なのか、そして今知っておくべき「新常識」とは何なのでしょうか。

筆者が1999年に創業した業界初の個人向け不動産コンサルティング会社「さくら事務所」では、第三者的立ち位置からの不動産売買に関するアドバイス、ホームインスペクション（住宅診断）、マンション管理組合向けコンサルティングなどを25年行っており、各部門の知見と膨大な事例がストックされています。

本書ではその膨大な事例のなかから、マンションに関して誤った認識に陥りやすい41の「落とし穴」を集めました。さまざまな情報に左右されず、正しい判断を行うため、効率良く学べるように編集されているお得版です。本書に書かれていることを一通り踏まえておけば、おそらく「しまった！」とか「知らなかった！」といった、後悔する事態にはならないでしょう。気になるポイントだけ拾い読みするのもいいと思います。いずれにしても、できるだけ専門用語などを使わず「わかりやすさ」を心がけていますので、スラスラと読めて頭に入るはずです。

それでは早速ページをめくっていきましょう。

さくら事務所会長　長嶋　修

※ａｕじぶん銀行 変動金利 期間35年 金利０・２１９％の場合

第1章

今、絶対に知っておきたいマンション選びのポイント

マンションを買うべきタイミングとは？

「東京オリンピックが終わると、不動産価格は下落する」

東京オリンピックが開幕する前に、そんな言説が流布していたことを記憶している人もいるでしょう。当時、この説は根拠が薄く、多くの専門家が疑問視していました。しかし、オリンピック前に不動産価格は上昇していたため、反動で下がるという考え方は根強く、信じて疑わない人も多かったのです。

結婚6年目で子どもが2人いる30代半ばの中村さん（仮名）も、それを信じた一人でした。夫婦ともに「いずれ自分の資産になるわけでもない賃貸マンションに、そこそこ高額の家賃を払うのはもったいない。早くマイホームを手に入れて、お金を住宅ローン返済に充てたい」という気持ちが強く、結婚直後（2018年頃）から物件探しを始めていました。

譲れない希望は、二人の勤務先から1時間以内の立地で、駅から徒歩10分以内のマンションであること。加えて新築か、中古でも築浅の物件が良く、4人家族で悠々と住める専有面積があればベスト、と考えていました。

　エリアに関しては、もともと住んでいる東京都三鷹市の雰囲気が気に入っており、周辺を探すところからスタート。ところが、希望する条件を満たす物件は高額で、そもそも売出物件自体がほとんどありません。当初は専有面積80㎡前後で探して見つからず、徐々に条件を下げていったものの、即決できるほどの物件には巡り会えませんでした。

「高い買い物だから、焦る必要はない」と考えた中村さんは、オリンピック後に値下がりしたタイミングで買うことを視野に、長期戦の構えで物件探しを続けることにしました。

　ところがフタを開けてみれば、東京オリンピック後も不動産価格は下がらず、逆に上昇。中村さんが三鷹で「そこそこ良いかも」と目をつけていた物件も、オリンピック後に1000万円近く値上がりし、とても手が出ない価格帯に跳ね上がってしまいました。

　結局、中村さん夫婦はいまだに希望に合った物件に巡り会えず、今では三鷹以外のエリアで、さらに条件を引き下げながら物件を探す日々を送っています。「焦るべきではないのはたしかだけれど、待ちすぎてチャンスを逃した」という後悔の念を抱きながら……。

マンションバブルの今、私たちはどのようにマンション選びをしたら良いのでしょうか。

【落とし穴1】マンションは、戸建住宅が買えない人が住むところ

日本の都市部・好立地マンションの価格は、2012〜2013年頃から上昇し続けています。コロナ禍のような非常事態においても活況は続き、平成バブル以来の大規模な不動産バブルと称されています。

背景にあるのは日銀の金融緩和政策と、それに伴う低金利です。金融機関にお金を借りやすい状況が、多くの人の不動産購入を後押ししました。

人気が集中したのはマンションです。国土交通省が毎月発表している「不動産価格指数」を見ると、2010年のマンション価格指数の平均は100前後ですが、2023年には約190まで上昇。戸建住宅価格の指数も上昇していますが、2010年の平均はマンション同様100前後ながら、2023年の平均は120に届かず、上昇幅はマンションの比ではありません。

要するに今、マンションは戸建住宅以上に人気があり、なおかつ価格も高いのです。

〈不動産価格指数（住宅）（令和5年3月分・季節調整値）〉※2010年平均＝100

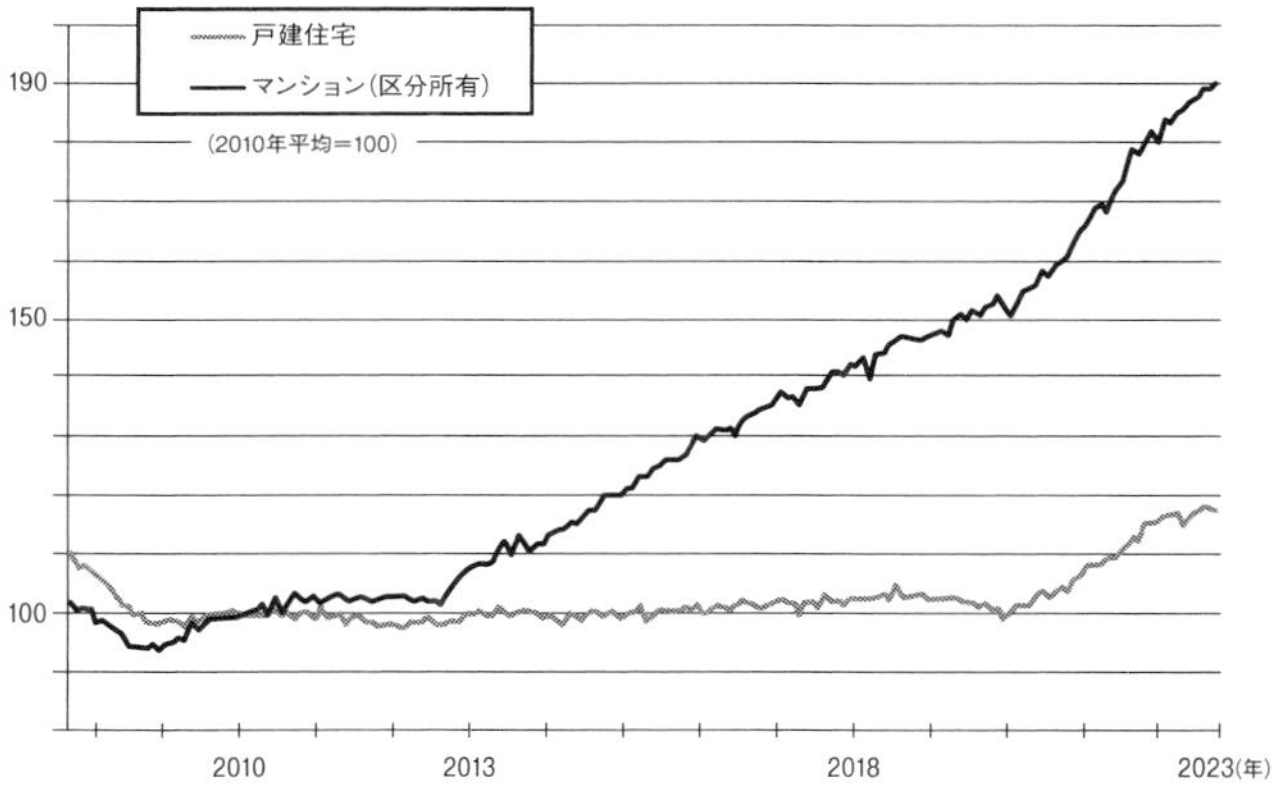

※国土交通省「不動産価格指数」をもとに作成

一昔前はマンションよりも戸建住宅のほうが全般的に価格は高く、戸建住宅に住むことが一種のステータスであり、「マンション＝戸建住宅を買えない人が住むところ」と見る向きさえありました。

１９７０年代頃、ちょうど高度経済成長期と重なる時代ですが、当時は社会人になったら賃貸の木造アパートなどに住み、結婚して賃貸マンションに住み替え。その後、分譲マンションに移り、さらにお金が貯まったら郊外に庭付きの戸建住宅を購入してゴール――というコースが理想とされ、一連の流れは「住宅すごろく」と呼ばれていました。

ゴールした後、子どもが巣立って夫婦、あ

るいは単身住まいになってからは、そのまま戸建住宅に住み続けるパターンのほか、サイズの小さいマンションや老人ホームなどに住み替えるパターンも多くなります。実際、団塊の世代以上の年代では、このようなコースをたどっている人が多いでしょう。

しかし、今やこの住宅すごろくのコースは様変わりしています。

日本経済は著しい成長段階を過ぎ、年功序列で黙っていても給料が増えていく時代も終わりました。夫が一馬力で働き、妻が専業主婦という従来のモデルケースに当てはまる世帯は減少し、共働きが当たり前に。その結果、限られた時間を有効活用するべく、生活利便性を重視する風潮が強まりました。

一馬力であれば、郊外の住宅に住んで夫が長時間かけて通勤し、妻が家事・育児の全般を取り仕切るというライフスタイルも成り立ちましたが、夫婦で長時間通勤となると、特に子どものいる家庭では生活が回らなくなります。

そこで生まれたのが**「職住近接」――つまり、職場の近くに住むというトレンドです。**

リモートワークが浸透したコロナ禍の影響により、多少風向きは変わるとも言われましたが実際は変わらず、職住近接志向には根強いものがあります。企業のオフィスはたいてい都市部にあるので、都心寄りのエリアにマイホームを求める人が多数派です。さらに駅からも近ければ、通勤・通学の時間を減らせます。駅周辺は大型商業施設などを建設できる商業地域に指定されている場合が多く、利便性はすこぶる高くなります。

駅周辺の立地では戸建住宅が少ないことから、マンションへの居住を選ぶケースが多くなります。このようにして、**都心・駅近のマンションへのニーズが急増**。不動産価格は、おもに需要と供給のバランスによって形成されるので、多くの人が求める物件は、必然的に価格が高騰します。

今、日本でもっとも不動産価格が高いのは東京の都心3区（港区・千代田区・中央区）で、駅周辺のマンションは新築も中古も非常に高額です。都心3区から少しずつ遠ざかっていくと、エリアごとに濃淡はあるものの、徐々に価格は下がっていきます。

離れすぎると職住近接ではなくなってしまうため、多少高くても都心から離れすぎないエリアで、背伸びしてでも物件を買おうとする人は多くなっています。完全テレワークの人などを除き、あえて郊外を選択する人は少なくなりました。

【落とし穴2】都心の新築・大規模・タワマンの価格が下がるのを待つ

目下、人気が高い不動産の特徴は次の4点に集約されます。

都心、駅前・駅近、大規模、タワー。

つまり、都心の駅周辺の大規模タワマンが大人気だということです。

かつては郊外の一戸建てに住むことがステータスでしたが、今は都心のタワマンに住むことがステータスです。比較的収入の高いパワーカップルなどの実需に加え、富裕層や国内外の投資家も条件を満たす物件を求めており、引き合いはかなり強くなっています。

タワマンには高いステータス性に加えてホテルライクな生活ができること、セキュリティ面での安心感、眺望の良さなど、さまざまな魅力がありますが、特に大きなメリットと言えるのが生活利便性の高さです。

多くのタワマンは駅のすぐそばや駅直結の立地で、周辺に商業施設なども充実しています。駅に近いということは不動産価格を大きく左右するポイントなので、駅前・駅近のタワマン人気は、これからも長く続いていくでしょう。都心部にある職場のすぐ近く、たとえば千代田区・中央区・港区の都心3区の大規模タワマンに住みたいと思っている一般ファミリー層の方もいらっしゃるでしょうが、そのためには相当の資金力が必要になります。

２０２３年７月、１都３県（東京都・神奈川県・千葉県・埼玉県）の新築マンションの平均価格が９９４０万円に達し、１億円に迫る勢いを見せたことが話題になりました。これは都内の高額物件の販売開始が相次いだことが影響しています。

東京23区に限定すると、新築マンション平均価格は２０２３年の上半期時点で１億円の大台に初めて到達。平成バブル期を超えて、前年比60％超の１億３０００万円弱となりました。もっとも、これは一部の超高額物件が引き上げた結果なので、平均価格を見ることにはあまり意味がないとも言えます。

東京23区のなかでもとりわけ新築マンション平均価格が高いのは、前述の通り都心3区です。建物の床面積１坪（約３・３㎡）あたりの価格を算出したものを坪単価と呼びますが、**２０２４年現在、都心３区では坪単価が１０００万円を超える、途方もない高額物件が多く売出されています。**

最近話題になったのは、２０２３年11月に開業した東京都港区の麻布台ヒルズの超高額物件です。麻布台ヒルズにはオフィス、商業施設、ホテル、住宅、文化施設などが入っていますが、そのなかに大阪のあべのハルカスを抜いて日本一の超高層ビルとなった麻布台ヒルズ森ＪＰタワーがあり、54〜64階部分が住宅エリアになっています。

この住宅エリアは「アマンレジデンス 東京」という名称で、世界有数のラグジュアリーホテル・アマンとの提携によって作られたもの。販売価格は明らかにされていませんが、1戸あたり20億円前後と見られており、もっとも広い最上階の住戸は２００億円とも３００億円とも噂される、異次元の価格設定です。

このような超高額物件は一般公開されず、一部のＶＩＰに紹介制で販売されます。住宅ローンで借りられる金額には限度があるので、顧客の多くは現金一括で購入できるケタ外れの富裕層か投資家です。特に海外の投資家は、昨今の円安で日本の不動産への投資に積極的です。彼らからすると、日本は「物価の安いお買い得な国」であり、なかでも東京は、さまざまな魅力を備えた投資妙味のある都市と見られています。

東京の不動産は、世界の大都市――たとえばシンガポールや香港などの不動産よりも割安です。それらの大都市でハイエンドな物件を買おうとするとかなり高くつくため、海外の投資家は東京の高級物件に目をつけるわけです。

かつては東京のなかでも、湾岸エリアのタワマンに対する需要が旺盛でしたが、最近のターゲットは都心3区に移っています。その結果、今では都心3区、及びその周辺の一部エリアの不動産だけが、グローバル基準に近い水準で売買されるようになりました。アマンレジデンス 東京はその象徴と言えます。

東京の例を挙げましたが、２０２３年には大阪の一等地にある25億円のタワマン住戸が早々に売れるなど、好立地エリアのタワマンの強さが目立ちました。日本の不動産価格全般が下落するような局面でも、このような物件が大きく値下がりする可能性は低いでしょう。不動産デベロッパーも、**もはや一等地では一般ファミリー層への売却を念頭に置いていません。**強気の価格設定は揺るがないはずです。

【落とし穴3】マンションバブルで物件は今後も値上がりする

200億円もするような超高額物件は異例としても、都心部には1億円を優に超えるマンションが多く、購入できる層は限られます。一般のファミリー層が現実的に購入できる物件を探すなら、もう少し都心から離れたエリアに照準を合わせる必要があります。

2024年現在、都心から少し離れたエリア（都内で、都心部に1時間以内で出られるエリア）のファミリー向けマンションの価格は、新築・中古ともに5000万〜7000万円台あたりがボリュームゾーンです。少し前までは3000万円台から4000万円台の物件もボリュームゾーンに入っていたことを考えると、やはり値上がりが顕著です。

とはいえ、昨今の価格上昇は平成バブルとは異なり、一部エリアの物件しか高騰していない「局地的バブル」です。平成バブルの折には、交通の便が悪い郊外を含む広範囲のエリアで不動産価格が高騰しましたが、今は郊外で利便性の悪いエリアになると、価格上昇の動きは見られません。むしろ値下がりしている物件もたくさんあります。**この先、平成**

バブル期のように広範囲の不動産が値上がりする可能性は少ないでしょう。

さくら事務所では前々から、日本の不動産市場で「**三極化**」が進行していることを指摘しています。日本の不動産市場は次の「三極」に分類できます。

①価格維持・上昇の地域（全体の10〜15％）
②なだらかに価格が下落する地域（全体の70〜80％）
③限りなく無価値、あるいはマイナスの地域（全体の10〜15％）

今バブルになっているのは①の地域、つまり都心の好立地エリアにある駅前・駅近のマンションだけです。地方でも、そのエリアの中心都市における一等地や、インバウンド人気の高い観光地などでは、不動産価格が上がっています。

①と対照的なのが③の限りなく無価値、あるいはマイナスの地域ですが、面積としては①のエリアよりもずっと広くなります。過疎化、高齢化が進む地方の市区町村では空き家が増え続け、不動産価格はほとんどゼロに近づいています。もともと人口の少ない離島な

どでは、住戸の半分以上が空き家という極端な事例も見られます。

こうした空き家は売却してもほとんど利益にならず、逆に解体する費用が高くつくなどの理由で放置されています。もし、あなたが実家の相続などで空き家を所有しているなら、放置するのは危険です。近隣住民を悩ませる「特定空家」に指定されると、所有者は固定資産税の軽減措置対象から外れたり、解体費用を請求されたりすることがあるからです。

バブル期に建てられたリゾートマンションのなかにも、発売当初に何千万円もしたものが、今や老朽化でほとんど資産価値がなくなり、住むための維持修繕費用のほうがずっと高くつくような負の資産、いわゆる「負動産」が数多くあります。

1960年代の高度経済成長期に、当時の住宅難への対応策として開発された全国のニュータウンにも、価格が下落している物件が少なくありません。都心部から離れていて駅からも遠く、老朽化が進んだ団地が多いのですが、居住している方の多くは高齢者です。居住者が亡くなったり転居したりしても、次の入居者が見つかりづらいため、夜に近くを通るとほとんど明かりが灯っていない棟もあります。
①や③以上に多いのは、現状ではある程度価値を保っているものの、これからなだらか

に不動産価格が下落していく地域です。

代表的なのは、都心から30～40㎞ほど離れている、かつてのベッドタウンです。そこまで都心部から離れていないということで、従来は人気の高かったエリアでも、今後は高齢化・人口減少が進み、徐々に価値が下がっていく可能性が高いです。

駅から離れれば離れるほど、価格の下落幅は大きくなっていきます。よっぽど高い付加価値がない限り、マイホームは駅から近ければ近いほど良い、という価値観が大勢を占めます。以前は「徒歩10分以内」なら十分駅近というイメージでしたが、今は「徒歩7分以内」など、より駅近の物件を探す人が増加しました。

かつてはブランド力の高い街であれば、利便性に多少の難があっても高額物件が売れました。たとえば、長らく人気エリアとされてきた東京都の世田谷区には、昔からの高級住宅街が多く、なかには最寄り駅から20分以上離れたところもあります。しかし、最近はそうしたエリアで、駅からの遠さがネックとなって、地価の下落が見られるように。緑豊かで閑静な住宅街が広がり、住環境は最高だとしても、駅から遠いと敬遠される傾向が強まっていることがわかります。

【落とし穴4】永住予定のため、資産性を考慮する必要はない

不動産市場は三極化し、価格を維持、もしくは価格の上昇も見込めるような地域は、全体の10～15％に過ぎません。残りの9割近くが、程度の差こそあれ将来的に値下がりしていくのが、日本の不動産市場の実情です。

値下がりしにくい地域で不動産を買うためには、24ページで紹介した4つのトレンド条件をなるべく満たす必要がありますが、完璧に条件に合った物件はすでに高額です。そのため、少しずつ条件を緩和しながら、予算と見合う物件を探すことになるでしょう。

もっとも「永住の予定だから、将来的に売却するつもりもないので、不動産価格が下落したとしても別に構わない」と考えるのであれば、郊外の駅から離れたエリアなどで、手頃な物件を見つけることはできます。

ただ将来的に相続の発生や、高齢になって介護施設への入居が必要になったり、若いときに気に入っていた住環境が、高齢になって合わなくなることもあるはずです。自分が年

をとって、周囲はファミリーだらけだと居心地が悪くなるかもしれませんし、若いときには気にならなかった駅や病院からの距離を、負担に感じるかもしれません。

そこで**持ち家を売ろうとしても、もともと不動産価格が下落傾向のエリアで家を買っていると、資産性が損なわれて売るに売れないリスクがあります。実際、老人ホームに入るために家を売ろうとしても売れず、苦労したというような話はそこかしこで耳にします。**

投資として不動産を購入する場合は、いかに物件を高く売却するかという「出口戦略」を念頭に置きます。一方、居住用不動産を買う場合には、売るときのことを視野に入れていない人が多くいます。最初は永住するつもりでも、状況がそれを許さなくなるケースが往々にしてあるので、売却の可能性も頭の片隅に置きつつ、物件探しをすべきでしょう。

といっても、出口を考えて人気のタワマンを無理して買うのが正解とは限りません。収入に見合わない住宅ローンを背負うと、将来資金ショートを起こすリスクが高くなります。

資金的な理由で、不動産価格が下落しそうな地域を選ばざるを得なかった場合、なるべく価格の下落がゆるやかな地域（都心から遠すぎず、駅から離れすぎない）を選ぶほか、不動産の売却益をあてにし過ぎずに老後の計画を立てる必要がありそうです。

【落とし穴5】せっかく借りられるのだから、住宅ローンは上限まで組む

好立地のマンション価格が値上がりする一方で、日本人の平均年収はあまり上昇していません。2024年は春闘の結果、大手企業を中心に賃金が上昇傾向にはあるものの、マンション価格の値上がりには追い付いていません。

一般のファミリー層には、都内の5000万〜7000万円台の物件が特に人気ですが、それを無理なく購入できる層は限定されます。

昔からよく「住宅ローンの借入適正額の目安は、年収の5倍程度」と言われてきました。仮にこの説にのっとって考えてみると、たとえば世帯年収が800万円の場合、借りてもいい金額は4000万円まで、ということになります。

頭金が多少あったとしても、4000万円の借入では人気物件を買えるかどうか微妙なところです。実際には年収の6倍や7倍の住宅ローンを組むケースも多くなっています。

住宅ローンで借りられる金額は、おもに年収に応じて決まりますが、上限はおおむね年

収の7倍前後です。そのため、年収500万円の人が借りられる金額は、最大で3500万円程度になります（厳密には、金融機関や物件の種類などによって異なります）。

これだけだと希望するマンションの購入資金が不足する場合も多いため、共働き夫婦は住宅ローンを夫婦でそれぞれ組む「ペアローン」を選択するケースもよくあります。ペアローンは借入金額を増やせるのが最大のメリット。仮に夫が年収500万円、妻が年収300万円であれば、借りられる金額の上限を5600万円程度まで増やせます。

ただ、これだと借入適正額である年収の5倍（4000万円）を大幅に上回ります。適正額を超えているということは、返済がかなり大変になることを意味します。

住宅ローンを組む前に必ず思い起こすべきなのは「**借りられる金額＝借りていい金額ではない**」ということです。夫婦で年収の7倍まで借入をしたとすると、月々の返済に追われて貯蓄があまりできず、日々返済のためだけに働いているような状況に陥りかねません。そんな状況で、夫婦のどちらかが病気やケガをするなどの不測の事態に見舞われたら、簡単に資金ショートを起こします。

そもそも、住宅を購入する際には、ある程度の頭金を用意するのが原則ですが、現実には頭金ゼロで家を買う人が増えています。借入金額が少額ならフルローンでもいいですが、7000万円の物件を買うために、世帯年収1000万円の共働き夫婦がペアローンを組み、7000万円借入れるというのは、相当リスキーな行為です。

資金計画を立てる際は、次の3点を意識すべきです。

①借りられる金額の最大値＝予算と考えない
②将来的に、夫婦の片方が働けなくなるなど、収入が大幅に減るリスクも考慮する
③現在、賃貸のマンションに住んでいるなら、住宅ローンの月々の返済額が今の家賃を大幅に上回らないようにする

元気で共働きをしているときは、ずっと2人で働いて返していけばいいと思うものですが、時とともに状況は変わり、出産、育児、病気、介護などで夫婦のどちらかが離職せざるを得なくなることも、十分にあり得ます。もちろん、ペアローンの残債は残るので、収入が激減して高額の返済に追われる羽目に。そもそもペアローンを前提としなければ、身

の丈に合わないほど高額の借入をする状況を回避できます。

物件を売りたい販売会社側が、ペアローンを提案してくることもあるかもしれません。その際、「ペアローンだと住宅ローン控除をダブルで受けられて、節税効果が大きくなる」とか、「マイホームを売却すると、譲渡所得から最高3000万円までを控除できるという特例があるが、ペアローンだと夫婦それぞれに控除が適用されるからお得」などの売り文句を聞かされることもあるでしょう。

それらは間違いではありませんが、節税効果が2倍になる分、住宅ローンを2本組むことで事務手数料や印紙代といった各種手数料も2倍になることを忘れてはいけません。

また、共有名義であるがゆえに、離婚したときにもめやすいという問題もあります。家を売って清算するだけなら話は簡単ですが、夫婦のどちらか一方が住み続けたい場合、ローンを一本化する手続きが難航しがちです。一本化した後の名義人一人分の収入が足りず、再度住宅ローンの契約を結べない場合が多いからです。**先々のことを考えるなら、ペアローンはデメリットもある**と認識しておきましょう。

【落とし穴6】金利が上がりそうだから、住宅ローンは固定金利に

2023年、10年ぶりに日銀総裁が交代し、植田和男新総裁が就任しました。植田総裁は、黒田前総裁の下で行われた異次元緩和策を段階的に修正していく意向です。2024年3月には低金利政策が見直され、マイナス金利政策が解除されました。

経済に与える影響を考えると、さすがにドラスティックな利上げは行われないでしょうが、これから住宅ローンを組んで物件を買いたいと考える人にとっては、かなり大きな影響があるので、金利政策の行方は注視しておく必要があります。

各金融機関などが設定する住宅ローン金利に影響を及ぼす大元の金利には、長期金利と短期金利の2種類があります。

一般に言われる長期金利とは、おもに10年物国債の利回りのことです。金利水準は景気や物価などの影響を受けつつ、市場で形成されていきます。この長期金利は、住宅ローン金利の固定金利のほうに大きな影響を与えます。一方の短期金利は、日銀の金融政策に応

じて決められるもので、こちらは変動金利の動きに影響します。

2022年以降、長期金利は少しずつ上昇しており、この影響で住宅ローンの固定金利も上がっています。他方、変動金利は低水準を維持。なぜ固定金利だけ上がるのか不思議に思っていた人もいるかもしれませんが、それはもともと基準となる金利の種類が異なるからです。

変動金利のほうが固定金利よりも低金利のため、**今住宅ローンを組んでいる人の7割超は変動金利を選んでいます**。さくら事務所でも、住宅ローン金利について相談を受けることがありますが、原則的には変動金利をおすすめしています。

変動金利は金利情勢に合わせて金利が動くので、「将来的に住宅ローンの返済額がアップするのが怖い」という意見もよく寄せられます。実際、長期的に見れば、これから長期金利だけでなく短期金利も上昇して、変動金利が上がる可能性は高いでしょう。

それを見越して「低金利のうちに固定金利に借り換えたほうが良いのではないか」と考える人も多いですが、現段階では変動金利を選んでおけば問題ありません。

というのも、**変動金利には「5年ルール」があり、仮に利上げされても5年間は月の返**

済額が据え置かれる仕組みになっています。さらに6年目以降も、返済額は従来の返済額の125%までしか上げられないことになっているので、天井知らずに返済額が増え続けて、家計が圧迫されることは考えにくいからです。

もっとも、金利が上がりすぎてしまうと、金利負担分だけで住宅ローン返済額に達してしまう可能性もゼロではありません。そうなると、住宅ローンを返済していても金利だけを支払っていることになるので、元本が一向に減らず、永遠にローン残高が減らない事態になってしまいます。あまり考えにくいことではありますが、仮に金利が大きく動く局面になったら、住宅ローンの見直しは急務になるでしょう。

また、最近は一部ネット銀行で、変動金利に5年ルールや125%ルールのない住宅ローンを販売するようになりました。5年ルールを設けない代わりに、他行より適用金利を低く設定している点は魅力的ですが、選ぶ際には注意が必要です。

金利が上がると、不動産価格にも影響が及びます。住宅ローンを組んで物件を買う実需層や、不動産投資ローンを組んで買う国内の不動産投資家は、金利負担が増えると、思い通りに資金を調達しづらくなります。すると、多くの買い手の購買力が低下し、価格が高いままでは売れなくなるため、不動産価格は下がっていくのが市場原理です。つまり、「利上げ＝不動産価格の下落圧力」と言えます。

とはいえ、それで好立地マンションのバブル化に歯止めがかかることはないでしょう。そもそも数十億円以上もするような超高額物件を買っている層は、手元のキャッシュが潤沢でローンを組まずに買うので、ローン金利の影響を受けません。そのため、超高額物件の価格帯は高いまま維持されます。

また、好立地は大手デベロッパーに買い占められ、「都心」「駅前・駅近」「大規模」「タワー」の条件を満たす物件は、人気が高騰しています。ニーズがあるのに希少性は高いため、利上げ幅が小幅なうちは、下落圧力になりづらいと見られます。

ちなみに「利上げ後に不動産価格が下がるなら、そのときに買おう」という戦略も、なかなか厳しいでしょう。たとえ不動産価格が下がっても、買い手が住宅ローンを組むのであれば、低金利時代よりも金利負担は増えます。一方で、物件購入に充てられる借入額は減るため、目論見通りに割安になった物件を買えるとは限らないからです。

【落とし穴7】価格が同じなら中古より新築！

昨今のマンション価格の上昇には、一部マンションへの需要の集中のほか、人件費や資材価格の高騰も影響しています。工事現場の責任者（現場代理人）や職人は常に不足しており、結果として人件費が上昇。また、木材や鋼材などの建築資材も世界的に値上がりし続けており、**不動産デベロッパーは膨張したコストを吸収するために、マンション価格を高くせざるを得ない状況です。**

とはいえ、マンション価格を引き上げすぎると、一般のファミリー層には手が届かなくなってしまいます。そのため、新築マンションでも価格を一定レベルで据え置いている物件は多いのですが、こうしたマンションがお買い得というわけではありません。

価格の抑えられた新築マンションは、少し前に建てられた同価格帯のマンションと比較すると専有面積が狭かったり、内装・設備のグレードがダウンしていたりすることがあります。インフレでさまざまな食品が値上がりするなか、価格を据え置いて内容量を減らす

「ステルス値上げ」が話題になりましたが、不動産業界でもステルス値上げが起こっているのです。たとえ同じ値段でも、面積が狭くなっているなら実質値上げです。

不動産デベロッパーからすると、150㎡強の広い住戸を一つ作るよりも、70㎡の住戸を2つ、あるいは50㎡の住戸を3つ作ったほうが売りやすく、実入りも多くなります。そのため、最近の新築マンションでは一戸あたりの専有面積を減らし、分譲戸数を増やすパターンが目立ちます。

今は「空間」より「時間」を重視する人が多いため、狭くても、内装や設備のグレードが下がっても、好立地であれば売れています。購買層の大半は世帯人数の少ない核家族なので、それほど部屋が広い必要はなく、部屋数も少なくていいという考え方が主流です。

求められる間取りも、昔と今とでは変わっています。かつては分譲マンションというと、70㎡3LDKのような間取りが一般的でした。今は、なるべくリビングを広くして、その代わりに寝室や子ども部屋は狭くてOK、ただし収納は十分にほしいというニーズが根強く、60㎡2LDKのような間取りがファミリー層に人気です。

とはいえ、狭い物件が積極的に好まれているわけではなく、多くの人が資金の問題で、やむを得ず狭い物件を選択せざるを得ないのが実情のようです。その証拠に、相場よりややお得な価格帯で70～80㎡ほどの物件が出ると、驚くほど申し込みが殺到します。

東京オリンピック選手村跡地に建てられた大規模マンションの「晴海フラッグ」は、80㎡超の広めの住戸が多かったのですが、価格が割安だったために引き合いが強く、かなり高倍率の抽選になりました。抽選に参加する際、申し込みは「1名義2戸まで」などと、販売規制がかかったことも話題を集めました。

晴海フラッグは東京オリンピック選手村跡地に建ったということで話題性は抜群。ブランド力の高い中央区アドレスに加えて街全体の利便性などの魅力があるものの、最寄り駅から徒歩20分前後です。

前述のように、現在のマンションのトレンドが「駅前・駅近」志向であることはたしかですが、多少駅から遠くてもそれを上回る魅力があれば、人気が跳ね上がることを実証したレアなケースと言えるでしょう。

ちなみに、晴海フラッグは数期に分けて販売が行われていますが、大手デベロッパーが手掛ける大規模タワマンなどでは、このように期を分けて販売されることがよくあります。

たとえば3期に分けて販売される場合、1期に申し込みが殺到すれば、2期には販売価格が引き上げられます。人気の継続が確認できれば、3期はさらに値上げされることも。つまり、不動産デベロッパーは情勢を見ながら供給をコントロールしているのです。

そのため、デベロッパー側は「買うなら早くしたほうがいい」「次期の販売では価格が上がるかもしれない」などと言って、買い手に早く決断させようとすることがあります。あらゆる観点から検討して、本当に良い物件であれば思い切って買ったほうがいいかもしれませんが、それで「早く買わなければ」と焦ってしまい、予算をはるかにオーバーしているのに購入を決断するのはNGです。

すぐに完売する物件ばかりではなく、デベロッパーが完成在庫をたくさん抱えているケースもあります。普通なら、値引きして売って完売にこぎつけそうなものですが、人気エリアの物件は売り手市場なので、デベロッパーもあまり売り急ぎません。値引きしなくても、いずれ売れる公算が高いからです。

3月の決算期前などは、不動産デベロッパーも売上を伸ばしたいので、割引価格で物件を買えることがありますが、売り手市場で超割安物件をつかむのは難しいでしょう。

【落とし穴8】リノベ済み中古物件は、内装が新しいので安心

新築の大規模マンションが好まれる一方で、中古マンションも売れています。人気エリアの駅近物件は、新築マンション価格の高騰に引っ張られて価格が上昇。築浅の物件が人気ですが、築古の味わい深いマンションにも一定のニーズがあり、ヴィンテージマンションなどと呼ばれて注目を集めています。

中古マンションを買えば、自分で好きなようにリフォーム・リノベーションすることができますが、あらかじめ不動産会社が中古の物件を購入し、リフォーム・リノベーションを施したうえで再販することもよくあります。

大手デベロッパーの新築マンションはたしかに住みやすいですが、内装にはあまり個性がありません。これに対し、リノベ済み中古マンションは漆喰壁にモルタル床だったり、あえて配管がむき出しになっていたりと、一般的な分譲マンションとは趣の異なるおしゃれな内装の物件がたくさんあります。

リノベ済み物件を購入する場合、自分で中古物件を購入してリフォーム・リノベーションをするよりも、内装工事費用やデザイン料などが上乗せされているので価格が上がりますが、新築マンションを買うよりはずっと安上がりです。同じエリアで、同じサイズ感の新築マンションと比較すると、おおむね2～3割は安く買えるでしょう。

リノベーションで中古物件を蘇らせることは、空き住戸が急増する団地の再生などにもつながります。無印良品がUR都市機構と組んで、団地リノベーションプロジェクトを行っていますが、これも社会的に意義のある活動と言えるでしょう。

ただ、**リノベ済み物件のおしゃれさ、手頃さに惹かれて即決で購入するのは危険です。**特に築古物件は構造や配管設備、断熱性能など目に見えない部分がどうなっているかを入念に確認する必要があります（チェックすべきポイントは第2章で詳しく紹介します）。適切なタイミングで維持修繕がされていなければ、買った直後に想定外のリフォームが発生する事態になりかねません。旧耐震基準の場合にはマンション全体の耐震補強工事の履歴も確認すべきでしょう。

中古物件を買って、スケルトンにしてから自分でリノベーションする場合は、構造や設備の状態をあらかた確認できますが、すでにリノベーション済みだと新品の壁や床を剝がすわけにもいかず、チェックの難易度が上がります。住宅診断ができるホームインスペクターに調査してもらってから購入を決めるのが無難です。

自分でリフォーム・リノベーションを希望する際は、どこに水回りを配置して、どこに寝室を持ってくるかなど、考えているだけで夢が膨らむでしょう。

ただ、物件によっては水回りの位置を動かせないこともよくありますし、動かせても莫大なコストがかかる可能性が高くなります。配管を大規模に変更することになるので、リノベーション会社が施工に難色を示すケースもあるでしょう。

マンションの配管方式には床スラブ上配管と床スラブ下配管の2種類があります。床スラブとは構造軀体《くたい》コンクリートのことで、配管がその上を通っているのか、下を通っているのかで方式が変わりますが、古いマンションは床スラブ下配管のことも多く、配管を変更しようとすると下の階の天井を開ける必要が生じるので、移動は現実的ではありません。

そもそも管理規約で水回りの移動を禁止しているマンションもあるので、規約のチェックも必要。ほかにも、換気ダクトが移動できるか、窓の変更ができるかなど、リノベーションを考えるうえで注意すべきポイントは数多くあります。

自分で住む物件なので、自分が好きなようにリノベーションしてもいいのですが、あまりにやりたい放題やって、万人受けしない間取りや内装にしてしまうと、出口戦略を立てづらくなることも覚えておきましょう。

大手デベロッパーの分譲マンションは没個性的な間取りや内装ですが、それは多くの人に受け入れられやすいからです。リノベーションによって、ドアで区切られた個室のない巨大な1LDKの間取りにしたり、収納をまったく作らなかったり、生活動線に配慮しなかったりすると、いずれ売却となったとき、購入を検討してくれる層が狭まります。

逆に、そうした個性的な作りを気に入ってくれる人もいるでしょうが、売却のチャンスは少なくなります。

そのため、たとえば個室を作らずに思いっきりリビングを広くしたいなら、後で簡単に間仕切り壁を付けられるようにするなど、一定の工夫は必要です。今は広いリビング、大きな収納、可変性の高い間取りが、多くの人に好まれるポイントなので、そのあたりは押さえながらリノベーションプランを決めていくのがおすすめです。

【落とし穴9】せっかく不動産を買うなら、価格が下がる時期をねらう

どうせ不動産を買うなら、なるべく安いときに買いたいところですが、**現段階で不動産価格が下がるタイミングを予測するのは困難です。**

逆に、2024年以降も不動産価格が上昇する要因はいくつもあります。インフレ・円安による資材価格の値上がりや、人手不足に起因する人件費高騰などは、先にも挙げた通りです。

日本の不動産価格の指標となる東京都心3区の不動産価格は日経平均株価と強い相関関係にあり、日経平均株価の変動に半年ほど遅れて、同様の動きを見せる傾向があります。

株価には、上場企業の業績のほかに日本の景気動向、米国株や米国経済の動向、金利水準、為替動向、国内外の経済政策、世界情勢の影響などが複合的に反映されます。2008年のリーマン・ショック後、日経平均株価はバブル後最安値の7000円割れという底値を記録しましたが、以降は一時的なショックによる落ち込みや、もみ合いの期間を挟み

つつも上昇してきました。

２０１２年の年末に民主党内閣から自民党の第二次安倍内閣に政権が移り、当時の安倍首相が掲げた経済政策「アベノミクス」によって株価はダイナミックに上昇。この株価回復のタイミングは、今日に至るまでの不動産価格上昇の起点とおおむね重なっています。

２０２４年の３月時点で日経平均株価は４万円を超え、バブル期超えの過去最高値を記録しました。株価の勢いが維持されれば、不動産市場の活況も続くと見ておいて間違いないでしょう。

過去を振り返ると、ここ30年ほどの間で株価が特に大きく下落したのは、平成バブルの崩壊後と、２００８年のリーマン・ショック後です。どちらも歴史に残る有事であり、経済に対する打撃も甚大だったことから、株価は長期的に低迷しました。

株価ほどではないものの、不動産価格もやはり値崩れしています。リーマン・ショック級のリセッション（不況）が起きれば、買い手も守りに入るので、不動産が売れなくなるのは必然でしょう。

直近では、２０２０年の２～３月にかけて株価が大暴落したコロナ・ショックが記憶に新しいですが、それでも値下がりにはつながっておらず、未曽有《みぞう》の事態でも持ちこたえられるほど、好立地不動産には底力があることを示しました。

今後、リーマン・ショック級のリセッションが発生すれば、不動産価格は下がるでしょう。あまり考えたくないことですが、そのきっかけとなるのは首都直下地震かもしれませんし、日本や米国を巻き込む大規模な戦争かもしれません。いずれにしろ、予測は不可能です。

余談ですが、日本は毎年のように地震などの自然災害に見舞われる宿命を背負っています。首都直下地震や南海トラフ地震もいつ発生するかわかりません。にもかかわらず、海外の投資家が東京などで不動産投資に前向きであることについて、不思議に思う人もいるでしょう。

海外の投資家も、もちろん日本という国に自然災害がつきものであることを認識しています。しかし、それを差し引いても、日本は世界のなかでカントリーリスクが低い国と目されており、そこまで災害リスクを警戒していない投資家も多いのが現状です。

日本は外国人であっても日本人と同様に、土地の所有権を取得できます（自衛隊基地や原子力発電所といったエリアの周辺を除く）。諸外国には外国人の不動産購入について規制を設けているところも多いため、その意味でも日本は海外の投資家にとって、不動産投資をしやすい国なのです。

話を不動産価格に戻しましょう。不動産価格が下落するのは、株価が大幅に下がる金融危機の発生後、一拍置いたタイミングです。しかし、そこに狙いを定めて不動産を買いに行くというのは、かなり難しいでしょう。

人によって不動産を買いたい時期、買えるようになる時期はバラバラです。ちょうど頭金が貯まって家を買いたいと思っていた時期に、不動産価格が下がればラッキーですが、金融危機の最中で自分の勤務先が倒産するなど、不動産を買うどころではなくなる可能性もあります。いつ起こるかわからない金融危機に合わせて、物件を探したり資金を準備したりすることはできません。

本当にマイホームを必要としていて、ニーズに合った物件が手の届く範囲で見つかったなら、多少高くても、それがその人にとっての「買い時」と考えましょう。

【落とし穴10】マンション購入は価格・立地・仕様だけで決める

ここまでのところで、不動産市場の現状がだいぶご理解いただけたのではないでしょうか。第1章の最後に紹介しておきたいのは、昨今の不動産、特にマンション市場を語るうえで欠かせなくなっている新たな評価軸「マンション管理」についてです。

マンションの管理とは、住民が安全かつ快適に過ごせるように、建物内、敷地内の状態を整え、マンションで起こるさまざまな問題を解決していくことを指します。誰しも、共用部分の清掃が行き届かず、各種設備の保全が適切に行われていなかったり、ゴミ出しなどのルール破りが横行していたりするようなマンションには住みたくないでしょう。

しかし今は築年数が古く、住民の高齢化が進んで管理不全を起こしているマンションが増えています。

そこで、国は「マンション管理適正化法」という法令に基づいて、2022年4月から「**管理計画認定制度**」を導入。これは、管理計画が一定基準を満たすマンションを自治体が認定するというもので、認定があれば一定以上の管理はなされているというお墨付きを得たことになります。

認定を受けるための基準はいくつもありますが、大まかにまとめると次の通りです。

・管理組合の運営状況が適切か
・管理規約の定めが適切か
・管理組合の経理が適切か
・長期修繕計画が適切に作成、見直しされているか

具体的には、管理組合の集会が定期的に開催され、修繕積立金や管理費などの経理が正確で合理性があること、管理規約がきちんとしていること、無理のない長期修繕計画が立てられていることなどがチェックされます。

まだ制度の開始からそれほど経っていないので、対応できていない自治体もありますが、認定付きマンションは徐々に市場に出回ってきています。専用サイトから物件を検索すると認定の有無が簡単にわかる仕様になっています。今後、認定制度の知名度はさらに上がり、マンション選びの基準の一つになっていくでしょう。

管理計画認定制度とよく似た名前の制度に「マンション管理適正評価制度」があります。主催団体は国ではなく、一般社団法人マンション管理業協会で、2つの制度は今のところ申請手続きを除き、連携はしていません。マンション管理適正評価制度も2022年4月に施行されたばかり。マンション管理に力を入れ、管理状態の良好なマンションが、市場で正しく評価されるようにするための、客観的な評価基準として設けられました。

マンション管理適正評価制度では、マンションの管理状態について協会が独自基準で6段階評価をつけるとともに、100点満点で点数もつけます。管理計画認定制度だけでは、どれだけ管理状態がいいのか判定できませんが、**マンション管理適正評価制度の点数を見れば、管理の良し悪しが一目瞭然でわかります**。

当然、買い手にとっては評価が高いマンションが望ましく、評価の度合いはマンションの資産価値にも大いにかかわってきます。すでに、**同じエリアに建つ同じような仕様のマンションでも、管理の差によって販売価格に差がついている例はあります。管理評価の良いマンションのほうが価格は上がり、管理評価の悪いマンションの価格は下がります。価格が安いからといって、そのマンションがお買い得だとは一概には言えないのです。**

また、一部の金融機関では、マンション管理適正評価制度の結果いかんで、住宅ローン金利を引き下げる試みを始めています。将来的には、管理の評価が住宅ローン借入額に影響を与えるようになる可能性もあるでしょう。

つまり、管理の評価というモノサシは決して無視できない存在になってきているのです。

なお、マンション管理の担い手は、住民によって構成される管理組合です。マンション管理会社が業務を請け負う場合がほとんどですが、マンション管理会社の選定を含め、マンションにかかわる一切の意志決定は管理組合が行います。

管理計画認定制度やマンション管理適正評価制度は管理組合が任意で申請するものなので、マンションの資産価値を上げることに意欲的な人が多い管理組合では、日頃から管理に力を入れ、認定や高い評価を勝ち取ることに前向きです。

マンションに住む人、これから住もうとする人のなかには、管理組合の仕事にかかわることに消極的な人も多いものです。手間がかかることはたしかですが、マンションという住民の共通の資産を守るためには、自らが積極的に管理に興味を持つ姿勢も重要でしょう。

第2章

理想のマンションと出会うための必勝プロセス

買ったばかりのマンションで漏水……不動産会社と裁判沙汰に

「深く考えずに買ってしまったが、もっと慎重に選ぶべきだった」

山田さん（仮名）は悔やんでも悔やみ切れない思いを抱えています。

マイホームを買って間もない山田さん夫婦は、現在、民事訴訟の真っ最中。二人が訴えたのは、買った物件の売主（不動産会社）です。当初は話し合いによる解決を目指していたものの、話はこじれ、訴訟へとなだれ込んでしまいました。

山田さんの主張は「リフォームされた物件を買ったが、とんだ欠陥住宅だった」というもの。山田さんが買った家は、築古の物件を不動産会社が買い取り、リフォームして再販したものでした。見学して、内装のきれいさと立地の良さに惹かれた山田さんは、近隣の新築マンションに比べると割安だったこともあり、ほとんど即決で購入を決めたのです。

ところが、入居してすぐに浴室（タイル張りの在来風呂）で漏水が発生。階下の住戸に浸水する事態になってしまいました。異常に水を使ったわけでもなく、短時間シャワーで体を洗って湯船につかっただけなので、山田さんに落ち度があったわけではありません。しかし、山田さんは階下の住人に対し損害賠償責任を負う羽目に。保険で対応できたのは不幸中の幸いでしたが、引っ越して早々に階下の住人と気まずくなってしまいました。

すぐに業者を呼んで原因を調べてもらったところ、仕上げタイルの下の防水層が劣化していることがわかりました。防水層は古いままで、リフォーム時に防水工事はされていなかったのです。マンションを買って貯蓄の大部分を放出したばかりだった山田さんは、防水工事で多額の追加出費を強いられることになりました。

この一件後も、大した負荷をかけたわけでもないのに作り付けの棚が壊れたり、床鳴りが気になったり、巾木《はばき》の浮きに気づいたりと、大小さまざまな不具合に見舞われた山田さんは、たまりかねて不動産会社にクレームを入れました。しかし、不動産売買契約における契約不適合責任の期間中であるにもかかわらず、納得のいくような真摯な対応をしてもらうことができず、冒頭のように裁判沙汰になってしまったのです。

実はこのような買取再販物件のトラブルは、全国各地で起きています。本章では、こうした事態を避け、理想のマンションと出会うまでのプロセスをお伝えしていきます。

【落とし穴11】不動産サイトで気になる物件を見つけたら、即内見！

マイホームは人生でもっとも高い買い物です。絶対失敗したくないのは当然ですが、現実には物件を買った後になって住みづらさを感じたり、思いがけない不具合を発見したり、とんでもないトラブルに見舞われて後悔する人は、残念ながら非常に多いのです。

そこで第2章では、理想のマンションと出会うための必勝プロセスを紹介していきます。

60ページの事例に登場した山田さんは、家を買おうと思い立ってから、すぐにネットで物件情報を集めました。中古のリノベーション物件を集めたサイトに惹かれて、新築にはないレトロさが味わい深いと感じていましたが、見学では室内の内装など見た目の新しさに目が行き、その他の部分（設備のチェックや、管理状況の確認など）をほとんどスルーして購入を決めてしまったのがいけませんでした。

「そろそろ家を買おう」と思い立ったときに真っ先にやるべきことは、**自分がマイホームを買うにあたって「譲れない条件」を洗い出すことです。**いきなり不動産ポータルサイト

をチェックし、内装や外観が気に入った物件を見学に行く人が多いですが、これはおすすめできません。順序としては、

①条件を細部まで洗い出す
②その条件をもとに物件を探す
③物件が見つからないことも多いので、その際は条件を見直したうえで物件を再度探す
④絞り込んだ物件を実際に見学する

という流れが望ましいでしょう。

条件を洗い出す際には、次の項目を基準に考えてみましょう。

・購入目的
・希望エリア（駅までのアクセス含む）
・希望物件の種別
・希望の広さと間取り
・希望の築年数
・予算

・その他

最初に「そもそも何のために今買うのか」を、改めて自らに問い直してみてください。「周りで家を買う人が増えてきたから、なんとなく」というように目的が曖昧なうちは、家を買うベストなタイミングとは言えません。はっきりした目的ができるまでは、購入に向けて動き出すのを見送ったほうがいいかもしれません。

希望エリアは「会社に近い」「駅に近い」「急行が停まる駅から徒歩10分以内」「子どもを○○小学校に通わせたいので、その学区に含まれるエリア」など、人によって色々あるはずです。思いつく限りすべての希望を、紙に書き出すなどしてまとめてみましょう。

希望物件の種別とは、まず戸建住宅かマンションか。マンションのなかにも、最新式のタワマンから規模の小さい中古マンションまで、さまざまな種類があります。

「2LDKは最低限必要で、子ども部屋は将来的に壁で仕切って2部屋にできるとベター」「広い南向きのリビング希望」など、広さや間取りの希望も明確にしておきましょう。

築年数は、新築がいいのか、中古がいいのか。中古の場合、どのくらいの古さまで許容できるか考えてみてください。

予算は、家探しを始める最初の段階からはっきりさせておくべきです。世帯年収をもとに、無理なく買える金額に設定しましょう。物件を見に行って予算を引き上げてしまう人がよくいますが、最初に設定した金額を気軽に変えるのはご法度です。

最後の「その他」の条件とは、たとえば「ペット飼育可の物件がいい」「子どもが多いから、階下に迷惑をかけない1階に住みたい」「夜景が見たいから、上のほうのフロアに住みたい」など、人によって譲ることのできない条件を指します。

自分たちにとって重要な家選びの条件を洗い出していくと、求めるマイホーム像が徐々に明確になっていくはずです。まだ家探しの最初の段階なので、この時点ではたとえ非現実的な希望でも、どんどん出していきましょう。

実際に物件を探す段階になると、希望のすべてを満たす物件はなかなか見つからず、条件を修正する必要が出てくる場合が多いです。**予算は原則的に修正せず、希望エリアや希望の広さ・間取り、築年数などを妥協することによって調整していきます。**どこは譲れて、どこは死守したいか、という判断軸は人それぞれ違うので、検討を重ねていくうちに、自分たちが家に求めるものの優先順位が見えてくるはずです。

【落とし穴12】少しでも気になる物件はすべて見ておいたほうがいい

「もはや物件を見に行くのが趣味」と豪語するほど、たくさん物件を見て回っている人がよくいます。さくら事務所のグループ会社であるらくだ不動産は、不動産を買いたい人、売りたい人のサポートをする不動産仲介エージェントですが、「ここに来るまでに40件も50件も物件を見た」というような話を聞くことも珍しくありません。

らくだ不動産では、不動産を買いたいと言って相談に来られたお客様には、まずカウンセリングを行い、希望の条件を細かく洗い出します。そのうえで、エージェントが物件を探して提案しますが、このときに大量の物件を提案することはまずありません。出し渋っているわけではなく、**その人の希望を完璧に満たしたうえで、プロの目から見ても好物件と言えるような物件というのは、実はそれほど数が多くない**からです。

不動産エージェントは、一般の人が見られない不動産業者用の情報共有システム（レインズ）を閲覧することができます。レインズでは、流通している大半の物件情報が見られるほか、過去の取引情報も検索できます。エリアごとの売却物件の状況や、それらが実際にどれくらいの価格帯で成約しているかもわかるので、相場妥当性のある好物件を見つけるチャンスは、情報量の限られる購入検討者よりも確実に多くなります。

情報を持っているプロをもってしてもそれほど物件が出てこないことを思えば、何十件もの物件見学を繰り返すことに、あまり意味がないことがおわかりいただけるでしょう。

特に危険なのは、物見遊山のような感覚で、予算オーバーの高級物件を見に行くことです。高級物件は外観や内装、立地などに魅力があるからこそ高額になっているわけで、実際にそれを見たら、当然「いいな」と感じるでしょう。すると、その後で自分にとって無理のない金額の物件を見たとき、どうしても高級物件と比較して「あっちのほうが良かった」と思いがち。その結果、諦め切れずに高級物件の購入に踏み切ってしまう人もいますが、もちろん後で資金繰りに窮することになります。

やみくもに物件を見て歩くと、このように本来のニーズとかけ離れた物件をつかんでしまうリスクがあります。「たくさん見れば、目が肥えていい物件を見つけられるようになる」と思っている人がいますが、自分の潜在ニーズと向き合わずにいくら物件を見ても、メリットは何もないのです。

もし、自分で物件を探すことに不安を感じるなら、不動産エージェントに依頼するのも手でしょう。米国では家を買う際に不動産エージェントに依頼するのが当たり前で、富裕層に限らず、一般の人でも普通に依頼します。

日本だと、不動産デベロッパーや仲介会社の営業マンと交渉しながら家を買うケースが多いですが、この場合、交渉相手はあくまで自社の物件を売りたいと考えている人たちなので、第三者目線でのアドバイスはあまり期待できません。そのため、買い手は偏った判断材料しか持たないまま、一世一代の買い物に挑むことになります。

一方、不動産エージェントという第三者が介在していれば、物件探しを頼むことができるのはもちろんのこと、気になる物件があって「物件ありき」で相談したときにも、中立的な立場から良し悪しを指摘してもらえます。

なお、買うときだけでなく売りたいとき、あるいは長期の海外赴任などで家を賃貸に出したくなったときにも、不動産エージェントは相談に乗ってくれます。いわば「不動産のサポーター」のような存在なので、買ったらそれで付き合いが切れる不動産会社の営業マンとは、似て非なるものと言えます。

ただ、一部には顧客の希望に寄り添わない、不誠実な不動産エージェントがいるのも事実です。不動産エージェントは顧客の利益を最大化するのが使命ですが、顧客に利するというより、自分たちの利益のことばかりを考えているようなエージェントも、残念ながら存在します。話してみて信頼性に欠けると感じたり、価値観の相違を感じたりした場合には、すぐに別のエージェントを探すべきでしょう。

ちなみに、らくだ不動産では物件を探したり、物件についてアドバイスをしたりする際、家族や友人にすすめるくらい親身になることをモットーとしています。手前味噌ではありますが、それくらい顧客に寄り添う姿勢を持った不動産エージェントに出会うことができれば、不動産選びで失敗するリスクは大きく減らせるでしょう。

【落とし穴13】自分の条件に合致している物件が見つかったら、すぐに購入！

マンション選びでは、自分の希望になるべく当てはまる物件を見つけることはもちろん大切ですが、**将来的に資産性が目減りしづらい物件を見つけることや、高値でつかまないことも重要な観点**になってきます。

こうした観点でマンションを見極めるには、次の4点が重要になります。

①立地
②建物仕様
③管理状況
④相場妥当性

立地は、人気エリアであることや駅前・駅近であることのほか、近隣に嫌悪施設（ゴミ処理場、火葬場、下水処理場、軍事基地などの近隣にあると嫌がられる施設）がないことや、自然災害のリスクが低いことも判断材料になります。

特に**自然災害のリスクについては必ず考慮するべき**でしょう。過去に洪水になったことがある大きな河川に近い土地は、外水氾濫のリスクが高くなります。また気候変動によって雨の降り方が変わった昨今、増えているのが内水氾濫です。内水氾濫とは、下水道に一度に大量の水が流れ込んだせいで、許容排水量をオーバーして逆流する水害のことです。

都市の下水道は1時間あたり50～70㎜までの雨水を処理する想定で作られていますが、最近のゲリラ豪雨は「1時間あたり80㎜以上の雨」と定義されており、都市の排水能力を大幅に上回っています。ゲリラ豪雨による内水氾濫が起こりやすいのは低地ですが、小高い場所でも窪地などで周囲より低くなっている場所だと、水が集まりやすいので水害のリスクが高くなります。

また、埋め立て地や盛土のような軟弱地盤の上に建つ建物は、地震のときに揺れが大きくなります。軟弱地盤では固い地盤の土地よりも1・5倍ほど揺れが増幅し、その上に建っている建物の被害も大きくなりがちです。

その対策としてマンションを建てる前には地盤調査や地盤改良工事が行われますし、基礎を作る際には軟弱地盤の下にある固い地盤まで杭を打ちます。そのため大規模な震災でも軟弱地盤の上に建つマンションが大きな被害を受けた事例はあまり見かけません。ただ周辺道路や道路に埋設している生活インフラ網が被害を受ける可能性はあり、建物は無事でも生活に大きな影響が出ます。住もうとしているエリアの地盤は意識するべきでしょう。

その他、海沿いは地震に伴う津波のリスクを考えるべきですし、昔ながらの木造住宅が密集する下町エリアは、火災も警戒すべきポイントになってきます。

続いて、マンションの見極めポイント②の建物仕様とは、簡単に言うとマンションのスペックのことです。専有部分に関しては、食洗機やオーブン・レンジ、ディスポーザーといった設備の有無。また、バリアフリーを意識して引き戸が多用されていたり、照明器具や給排水管の移動が可能だったりと、可変性の高い構造になっているかどうかもチェックポイントになります。

さらに重視すべきは共用部分です。たとえば、駐車場はどんなタイプか、共用施設にどんなものがあるかチェックしましょう。共用施設の設備が豪華なほうが魅力的ですが、修繕積立金や管理費が跳ね上がる原因になるので、併せて確認する必要があります。

中古マンションの場合は、③の管理状況が非常に重要です。前述のように今は「管理計画認定制度」や「マンション管理適正評価制度」で、管理の度合いが可視化される時代です。買おうとしているマンションが認定を受けているか。あるいは、評価制度でどれくらいの点数を獲得しているかも確認しましょう。

ただ、どちらも2022年に始まったばかりの制度なので、まだ活用しているマンションは少ないのが実状です。それでも実際に足を運んで見学したり、売主の方や仲介会社の担当者に協力してもらい、管理組合の総会議事録や、理事会の議事録などを閲覧したりすれば、ある程度の管理状況は見えてきます。

④の相場妥当性とは、読んで字のごとくですが、物件の価格がそのエリアの相場と照らし合わせたときに、妥当な設定になっているかどうかです。たとえば立地、建物仕様、管理状況、すべてが合格点でも、最近成約した同じエリアの同タイプの住戸より2000万円高かったとしたら、さすがに割高なので買いたくないでしょう。

不動産エージェントなど不動産業に携わる人であれば、レインズで直近の成約情報が見られるので、自分で判断できない場合は、プロに相場妥当性があるのかどうかを確認するようにしましょう。

【落とし穴14】やっぱり買うなら新築が安心

マンション選びの希望として圧倒的に人気があるのは、新築や中古の築浅物件です。新築の物件は、できたばかりなので建物の内側も外側もきれいですが、その分「新築プレミアム」と呼ばれる新築物件ならではの価格の上乗せがあり、割高です。新築プレミアムが剥がれた中古物件のほうが割安になるため、新築に並々ならぬこだわりがある人以外は、中古マンションを選んだほうがお得です。といっても、築浅であればあるほど割安感は薄れますし、なかには新築並みの価格水準に達している築浅物件もあります。

それでも「新築や築浅のほうが設備が良さそうだし、新しい建築技術で建てられているから安全そう」という固定観念は根強く、マイホームを求める大部分の人は新築か築浅物件を希望します。

ですが、**必ずしも新築や築浅のほうが設備がよく、安心・安全とは限りません。**

マンション価格が高騰するなか、販売価格を据え置いている新築分譲マンションは、従来の同価格帯のマンションよりも部屋が狭くなっていたり、内装のグレードが大幅にダウンしていたりします。【落とし穴7】でも紹介した、いわゆるステルス値上げです。

そのため、長い年月にわたってさまざまなマンションを見てきたプロの目から見ると、「この価格で、こんなチープな内装・設備なの？」と驚かされるような物件もしばしば目にします。それに比べると、資材価格などが高騰する前に建てられた中古マンションのほうが、内装・設備とも充実しています。

また、新しいマンションのほうが安全と思われている理由の一つに「住宅の品質確保の促進等に関する法律（品確法）」があります。品確法は一般消費者を欠陥住宅などのトラブルから守るための法律で、マンションでも戸建住宅でも新築から10年以内なら、基礎構造部分（構造耐力上主要な部分・雨水の侵入を防止する部分）の瑕疵《かし》について、売主が瑕疵担保責任を負うことを義務付けています。

品確法で守られていることは安心感につながりますが、実際には新築から10年以内に適切なアフター点検をしているマンションは、あまりありません。せっかく無償で修繕してもらえるのですから、それを活かす仕組みがあればいいのですが、そこまで考えている管理組合は少ないです。共用部の初期不良に気づかず10年経過し、後で気づいても無償で直してもらえず、修繕積立金で補修せざるを得なくなるような事例も見られます。

逆に、**建って何十年も経過している物件でも、きちんと耐震補強工事が行われ、適切な長期修繕計画の下で維持修繕が行われていれば、一定の安全性は担保されています。**

よって、新築して間もないために何の調査・点検も行われていない築5年のマンションと、定期的に調査・修繕を行い、健全性が担保されている築15年のマンションがあったとき、どちらがいいマンションなのかは簡単に判断できません。ただ、市場では前者のほうが「築浅」ということで、高い売値がつきがちです。

ある程度古い物件は、価格が割安なことに加えて、管理状況が把握しやすいというメリットもあります。新築だとこれから管理組合が組成されるので、そもそも判断材料がなく、築2年などの築浅物件も、管理組合の活動実績がほとんどないケースが多いです。

これに対し、築年数が経っている物件は、記録をたどると管理組合がどのような活動をしてきたかがわかります。なかには、管理計画認定制度やマンション管理適正評価制度の取得に動いていたり、マンション外の地域コミュニティとの交流を深めていたり、実践的な防災訓練に取り組んでいたりと、積極的に活動している管理組合もあります。

このような管理組合が主導するマンションは、管理不行き届きで荒廃するリスクが少なく、管理が買われる時代になった今、資産性が評価されて価値が上がる可能性も。よって、管理組合の足跡が見えない新築・築浅物件よりも、ある意味では安心・安全と言えます。

また、最近は大規模マンション・タワマンが人気ですが、住民が増えれば「モンスター住民」が入り込む確率は高くなります。モンスター住民とは、理不尽なクレームを連発したり、ゴミ出しや駐車場利用のマナーが悪かったり（あるいは、逆にほかの住人のマナーを過剰に注意したり）、部屋をゴミ屋敷にしたりと、さまざまな迷惑行為を働く人のこと。

近くにそのような人が住んでいるだけでマイナスですが、もっと最悪なのは、モンスター住民が管理組合の理事になり、権限を握っているケースです。中古マンションであれば、マンション内でのもめ事や、その解決の流れなどもある程度は記録として残されているので、確認ができます。しっかりと向き合って解決していたり、モンスターを取り締まるルールが明文化されていたりする（たとえば、理事に簡単に再任できないようにする、など）マンションなら、新築・築浅でそのような履歴がないマンションよりも安心でしょう。

【落とし穴15】旧耐震基準で建てられたマンションは絶対避ける

築年数が40年を超えるような築古マンションは敬遠する人が多いでしょう。

その理由の筆頭として挙げられるのは、耐震基準です。日本では、大きな地震が起こるたびに建築基準法の耐震基準が見直されてきました。もっとも大きく変わったのは１９８１年で、１９８１年5月31日までに適用されていた耐震基準は「旧耐震基準」、それ以降に適用されている基準は「新耐震基準」と呼ばれています。その後、２０００年にも基準の見直しがあり、新耐震基準をさらに補強して、地盤調査の規定の充実などが盛り込まれました。これを「２０００年基準」と呼びます。

１９８１年６月以降に建築確認を受けた建物から新耐震基準が適用されていますが、マンションの場合、建築確認を受けてから実際に完成するまでに1年以上かかるので、１９８２年の夏～秋以降に建った物件であれば、新耐震基準を満たしている可能性が高いでしょう。

旧耐震基準の建物は、震度5程度までの中規模な地震に耐えられるように設計されています。よって、震度5強よりも大きい地震になると、致命的な損傷を受けるリスクがあります。一方、新耐震基準の建物は震度6～7の大地震に耐えられるように設計されており、旧耐震の物件よりも大幅に強度が上がっています。

実際、1995年1月に発生した阪神淡路大震災で甚大な被害を受けた建物の約9割は旧耐震のもので、新耐震の建物の被害は限定的でした。2024年1月の能登半島地震でも、耐震補強がされていない古い木造家屋の倒壊が目立ちましたし、7階建てのビルも倒壊していますが、このビルは1972年竣工の旧耐震の建物だったそうです。

これらの事実を踏まえると、最低でも新耐震以降の基準で建てられた物件のほうが安心ということになりますが、旧耐震基準の時代に建てられた物件のなかにも新耐震並み、もしくはそれ以上に頑丈に作られた建物はあります。また、旧耐震でも耐震補強工事を済ませており、新耐震並みに安全性能を高めているマンションもあるため、**十把一絡げに「築古=旧耐震の建物だから危険」と認識するのは早計です。**

一方、耐震診断を受けるには費用がかかるうえに、診断の結果で大規模な改修が必要となったとしても、修繕積立金が積み上がっていないケースも多いことから、診断自体受けていない旧耐震マンションも数多くあるのが実状です。

築古物件は都心部に近い好立地に位置するものも多いため、「新築は無理でも、築古の物件なら買えそう」というケースはよくありがちですが、**検討する際には耐震診断を受け、耐震改修済みの物件であるか否かを確認しましょう**。安いという理由だけで、旧耐震の耐震改修工事をしていない（する予定もない）物件を買うのはNGです。

なお、旧耐震のマンションは資産性が低いと判断されがちなので、住宅ローンを組んで買う場合、金融機関のローン審査を通過するのが難しくなります。以前は、住宅ローン控除も適用不可でしたが、「耐震基準適合証明書（新耐震基準に適合していることを証明する書類）」があれば、控除を受けられるようになりました。

ちなみに、長期固定金利の住宅ローン「フラット35」は、金融機関の耐震評価基準とは異なる基準を採用しているため、旧耐震の物件を買うときでも借りられる場合がありますが、その際にも耐震基準適合証明書の提出は必要になります。

鉄筋コンクリート造の建物の寿命は100年とも言われるので、全面的に建て替えなくても適切に管理していれば、性能的には築100年経っても住み続けることは可能です。「マンションの法定耐用年数は47年」と言われることもありますが、これは減価償却の計算に使われる数字なので、マンションの寿命というわけではありません。耐震改修工事をきちんとして、その他の設備も定期的に点検・修理しておけば、築古でも安全に住める状態をキープできます。あくまで管理次第です。

とはいえ、築100年以上経過しているマンションは日本に現存していません。日本では大正時代（1920年代）から「同潤会アパート」に代表される共同住宅の建設が始まり、1953年にはもっとも古い分譲マンションである「宮益坂ビルディング」が竣工しました。しかし、今挙げたアパート・マンションはすでに解体され、新しいマンションなどに建て替えられています。

それ以降に建てられ、現時点で築50～60年経過しているマンションはたくさんありますが、そのなかにはいまだに管理が行き届いて高い資産性を有している物件もあれば、廃墟同然となっている物件も。その違いは、長年の管理の差によって生じています。

【落とし穴16】ラグジュアリーな共用施設こそタワマンの醍醐味《だいごみ》

タワマンに代表されるラグジュアリーな雰囲気の大規模マンションが人気です。ホテルライクな住空間を望む人は多く、共用施設が高級ホテル並みに充実しているマンションもたくさんあります。実際にあるマンションの共用施設の具体例を挙げてみましょう。

【飲食系】
住民専用レストラン、カフェラウンジ、バー
【運動・健康系】
フィットネスジム、プール、スパ・リラクゼーションルーム、大浴場、運動スペース
【その他】
24時間コンシェルジュ、ゲスト用宿泊施設、キッズルーム、スタディルーム、パーティールーム、ライブラリースペース、コンビニ、オーディオルーム、カラオケルーム

ほかにも、畑があったり、ドッグランがあったり、キャンプができるスペースがあったりと、マンションごとにさまざまな特色が見られます。とはいえ大規模マンションならどこでも共用施設が充実しているというわけではありません。豪華なイメージのタワマンでも、それほど共用施設のない物件もあります。

どうせ選ぶなら、コンシェルジュがいて共用施設も充実している物件のほうが魅力的に映るかもしれませんが、**ハイグレードな共用施設があればあるほど、マンションの管理費が高くなることを忘れてはいけません。**管理費とは、マンションの共用部分の維持・管理のために使われるお金で、たとえばエントランスや廊下、ゴミ置場などの清掃代、電気代、エレベーターの点検・修理費用などに充てられています。

最低限しか共用施設がないマンションであればこの程度ですが、前述のように共用施設が多い物件だと、それぞれの施設についてメンテナンス代がかかるため、管理費がどんどん膨れ上がっていきます。

特にメンテナンス代が高いと言われるのは、プールやスパなどの水を使う施設で、水道代がかかるうえに定期的な清掃代、水温を一定に保つための電気代などで、年間数千万円ものコストがかかっているケースもあります。

このような共用施設をフル活用するなら、コストが高くても元は取れるかもしれませんが、ありがちなのは結局使わなくなるパターンです。最初は魅力的だと思ったプールやジムも、時間がなくてなかなか行けない、という人は多いもの。入居時に小さな子どもがいて、キッズルームが便利だと感じていたとしても、子どもが成長すれば必然的に足を運ばなくなります。使わなくなっても設備がある限りはコストがかかり、そのコストはすべての住民が、利用頻度に関係なく分担することになります。

国土交通省の調査によると、**マンションの管理費の全国平均は1㎡あたり200円程度**が相場で、東京都区部に限って言うと、全国平均より1割ほど高くなります。

これに対し、共用施設の充実しているタワマンの管理費は1㎡あたり300円を超える場合が多く、なかには350円を超える物件も。管理費は原則として「専有部分の床面積割合」に応じて負担する金額が決まるので、専有部分が70㎡だとしたら、管理費だけで2万4500円。これに修繕積立金が上乗せされれば、月々のランニングコストだけで3万

～4万円もかかってしまいます。

マンションによっては、後々になって「金食い虫」の共用施設の見直しを行っているところもあります。たとえば、ファミリー向けマンションの場合、一次取得者層は小さな子どもがいる世帯が多いので、新築間もない頃にはキッズルームが大賑わい。しかし、10年も経つとその子どもたちはキッズルームに足を運ぶ年齢ではなくなったため、キッズルームをスタディルームに作り替えた事例があります。

また、国土交通省では一定の規模以上の建築物について、駐車場の附置義務を課しているため、大規模マンションには必ず駐車場があります。都心部の場合、機械式駐車場を設置しているケースが多いのですが、維持・管理費用は非常に高額。車離れの加速で利用者が減り、駐車場利用料の収入が減っているマンションも増えています。そのため、住民が総会で話し合った結果、機械式駐車場の埋め戻しという思い切った選択をした事例も。

豪華な共用施設は物件の目玉であり、資産性を高める役割も担っています。そのような施設が売りのマンションを検討する場合は、高いランニングコストを支払い続けることができるのか、よく考える必要があるでしょう。

【落とし穴17】管理費や修繕積立金はなるべく安いほうがお得

【落とし穴16】で「共用設備が豪華だと管理費が高くなる」とお話ししましたが、管理費は安ければ安いほどいい、というものでもありません。管理費が安いと、建物の維持・管理にかけられるコストが下がるため、快適に生活できなくなるリスクがあります。前述の通り、マンションの管理費の全国平均は1㎡あたり200円程度ですが、**200円を切っていたら値上げの可能性があるのでは、と警戒すべき**でしょう。

最近は管理組合から管理会社に支払う委託費が上昇傾向。管理員や清掃員の人材確保が難しくなり、人件費などが高騰しているためです。委託費の値上げを要請されて受け入れたのに、管理会社からサービス内容の改悪を提案された管理組合の話もよく聞きます。

別の管理会社に乗り換えようにも、他社も大抵値上げしており、次が見つからないこともありがち。最悪の場合、どこの管理会社とも契約できず、マンションの管理を住民が担う自主管理の状態になりかねません。あえて自主管理を選択している先進的な事例もありますが、なすすべなく自主管理になったマンションは、荒廃する可能性が高くなります。

また、このところ世間を騒がせているのがマンションの修繕積立金の問題です。修繕積立金は外壁塗装や給排水管工事といった計画的な大規模修繕工事、あるいは事故や災害などによる突発的な大規模修繕工事に備えるためのお金。日常経費には充当しないお金ですが、費用が多額になりがちなので毎月少しずつ積み立てて準備しておくのが普通です。

今、多くのマンションで問題となっているのは、修繕積立金の大幅な不足です。通常、大規模修繕工事は長期修繕計画（新築時に策定）に基づき、工事のタイミングや内容、費用がある程度決まっています。そこから逆算すれば、修繕積立金の大幅な不足など起こらないはずですが、なぜそのような事態が頻発しているのでしょうか。

理由の一つは、計画を立てた時点より資材価格や人件費が高騰し、工事費用が値上がりしているから。加えて、修繕積立金の積立方式を「段階増額積立方式」にしたがために、計画通り資金を積み立てられないケースも目立ちます。

修繕積立金の積立方式には「均等積立方式」と「段階増額積立方式」の2通りがあります。前者は積み立てる金額が均等でずっと変わりませんが、後者は積み立てる金額が徐々に増えていきます。時間が経過すると、当初の2倍、3倍と上がっていくこともザラです。

新築マンションを販売する際、デベロッパーは顧客に物件のランニングコストを提示しなければなりません。マンションを買う人の大部分は、何でも安いほうがいいと考えるので、**デベロッパーは販売促進のため、当初の積立額が少額になる段階増額積立方式で修繕積立金を提示する場合がほとんどです**。それを理解せずに買ってしまうと、入居後、おおむね5年に1度くらいのペースで修繕積立金の増額を通告され、面食らうことになります。

もっと悪いのは、本来引き上げられるはずの修繕積立金が、当初の金額のまま据え置かれて、そのままズルズルと時間が経過しているパターンです。段階増額積立方式で修繕積立金を値上げすることが決まっていても、値上げに反対する住民がいると合意形成に至らず、予定通りに修繕積立金を準備できなくなります。普段、管理組合の活動に無関心でも、値上げに強く反対する人は一定数存在します。

実際、工事費用として1億円かかる予定だったのに、修繕積立金が5000万円しか準備できていない、などという事例も多くなっています。そうなると、必要な工事ができないので大規模修繕は先送り、もしくは最低限の修繕でお茶を濁すことに。その後も修繕積立金を集められないままだと、ずっと必要な修繕が行われなくなり、管理不全の危険なマンションへと転落してしまいます。資産性も大幅に低下するでしょう。こうした状況を考えると、マンションを選ぶ際には、**修繕積立金を均等積立方式で徴収しているところを探すのがベスト**。ただ、現実にはほとんどのマンションが段階増額積立方式を採用しています。

そのため、新築マンションを買う際は修繕積立金がいつ、どれくらい増額されていくのか確認を。また、中古マンションは新築よりも修繕積立金が高いのが一般的です。段階的に増額されていくので当然ですが、買う際には今後どれくらい値上がりするのか。また、どのタイミングで大規模修繕工事が行われる予定なのかも調べましょう。近々工事が行われる予定の場合、どの程度修繕積立金が積み上がっているのかもチェックポイントです。

なお、修繕積立金が高くなりがちなマンションの代表例はタワマンです。通常、大規模マンションは住戸が多い分、1住戸あたりの負担を下げやすいものですが、タワマンは工事の際の足場代などが高額になり、工期も長くなりがちだからです。タワマンを買う場合には、なおさら修繕積立金に敏感になるべきでしょう。

【落とし穴18】内見での雨漏りチェックは天井を中心に確認

ここからは、実際に物件を内見する際、必ずチェックしたい点を紹介します。新築と中古でポイントは変わってきますが、まずはまだ買うかどうかを決めていない状態で、中古のマンションを内見する際のチェック項目を挙げていきます。

まずは専有部から。真っ先にチェックしたいのは、事前に見たチラシなどに載っている間取りと、現況が一致しているかどうかです。不動産仲介業者などが公開している間取りは、資料を基にその仲介業者のほうで作成している場合が多く、建築士などの専門家が書き起こしたものではないので、必ずしも正確とは限りません。

もっとも注意深く確認したいのは、雨漏りや給排水管からの水漏れの有無です。鉄筋コンクリート造のマンションは、木造の戸建住宅と違ってあまりシロアリの心配はないので（例外はありますが）、漏水関係が最重要項目になります。

天井や壁にしみがあったら、雨漏りしているか、上の階の設備から水漏れしている可能性があります。雨漏り＝天井というイメージがあるかもしれませんが、**マンションで上や左右に住戸がある部屋の場合、雨漏りするのは外側に面する壁（窓やベランダがある壁）からです。**雨水がしみて壁をつたい、天井や壁のほか、床にしみができることもあります。

まだ売主が退去しておらず、家具などが置かれた状態で内見する場合もあるでしょう。売主がいると、何となく気が引けて遠慮がちになってしまう人がよくいますが、内見は重要な時間なので、気にせずじっくり見たいところ。さすがに大型の家具をどけてチェックするのは難しいですが、外側に面する壁際に置かれた本棚などの裏に、しみが隠れていることはよくあります。売主の退去前に売買契約を結んだとしても、後日不動産会社の立ち会いの下、売主の所有物がなくなった状態で、再度引渡し前の確認を入念に行ったほうがベターです。

雨漏りなどが疑われるあやしいシミを見つけたら、仲介業者を通して売主に、過去漏水したことがないか確認をとりましょう。管理組合に問い合わせて、過去にそのような雨漏りの事例がなかったかを調べることもできるので、可能な限り情報を集めてください。情報がなかったとしたら、これまで露見していなかった水漏れかもしれません。

パッと見で目立ったしみ跡がなくても、部屋のどこかで漏水していることはよくあります。キッチンのシンク下にある引き出しの奥や、洗面台下の収納の奥に設置された排水管など、多くの人はそれほど気にせずに生活しています。水道をひねると、すぐに排水管から大量の水が漏れてくるほど深刻な状況ならさすがに気づくでしょうが、水を数分くらい使ったときに、じわりと漏れてくる程度の水漏れは、なかなか見つけづらいものです。**各所の水道から水を数分間出しっぱなしにして、給排水管の様子をチェックすると水漏れに気づきやすくなります。**栓ができる場合はシンクに水を満タンにためて、しばらく経ってから一気に流すと、水漏れのほか、排水管に詰まりがないかどうかも確認できます。

そのほかにチェックしたいのは、買った後に何が付帯設備として残されるのか。たとえば、ガスコンロ付きだと思っていたのに、入居してみたらガスコンロを売主が引き払っていることが判明したら、愕然とするでしょう。事前に、付帯設備の確認と、それらが使えるかどうかも知っておきたいところです。

多くの場合、不動産仲介会社のサポートによって**「付帯設備表」が作成されるので、それがある場合は必ず目を通してください。**

付帯設備表には、物件に残す設備と撤去する設備が明記されるほか、残す設備についてはは故障や不具合があればわかるようになっています。付帯設備表に「故障」と明記されているものについて、後から「故障しているから修理代を負担してくれ」と言うことはできません。付帯設備表に故障なしと明記されていながら不具合があるものについては、一定期間内であれば、買い手は補修請求を売主に行うことができます。ただし設備については、引渡し完了日から7日以内に連絡をしなければならないので、引渡しから引っ越しまでに間が空くと、気づいたときには請求できる期間が過ぎていた、となりがちです。

また、不動産業者のなかには、中古マンションの設備について自社で一定の保証を付ける会社もあります。とはいえ、すべての設備について保証されるわけではなく、保証期間や保証額にも限度があるので「保証＝安心」と短絡的に考えないほうがいいでしょう。

付帯設備を確認し、たとえば「給湯器はあとどれくらいで交換の可能性がある」などの情報を把握しておくことができれば、物件を買った後の家のメンテナンスにかける資金計画も立てやすくなるので、事前確認は必須です。

【落とし穴19】中古マンションの小さな困り事は、住んでから対処する

中古マンションの場合、実際に住んでみると買う前には想像がつかなかった不便さに気づくことも少なくありません。ここでは、よく見聞きする事例をいくつか挙げておきます。

●エアコンが設置できない

コンクリート造のマンションの外壁に後から穴を開けるのは困難。そのため、もともとエアコンがついていなかった部屋に後からエアコンを入れたくても、**室内機と室外機をつなぐ冷媒管のための穴を開けることができず、エアコンが設置できないケースがあります。**

●自由にネット回線が契約できない

マンションにはＭＤＦ室と呼ばれる部屋が設けられ、そこには光ファイバーケーブルを分配する集合装置が設置されています。この装置のポート（つなぎ口）にケーブルを差し込み光回線を利用しますが、中古マンションに引っ越してきてみたら、**すでにこのポートが全部埋まっていて差し込めないケースがままあります。**また、古いマンションだと配管

自体が詰まっているなどの理由で、光回線を通す工事自体ができないケースもあります。

●電気の契約アンペアを上げられない

ややや古いマンションだと、電線や建物内の配線の関係から、電気の契約アンペアを簡単に上げられないことがあります。古い建物は20～30アンペアという設定が多いですが、今は昔に比べると電化製品が増えているので、40アンペアはあったほうが便利。デフォルトのアンペア数と、アンペア数の変更の可否を確認しましょう。

●コンセントが少ない

古いマンションほどコンセントが少ない傾向が見られます。最低でも一つの居室につき対角線上に一つずつほしいところ。増設できる場合もありますが、マンションによってはそれすらできないケースもあります。

●子どもが落下しやすくなる危険なベランダ

子どもの落下事故が増えていますが、ベランダのデザインに注意すべきです。子どもが足をかけて登れる形状の柵になっていたり、室外機とベランダの柵の位置が近くて、容易に乗り越えられたりできると、悲惨な落下事故につながりかねません。

【落とし穴20】共用部分はエントランスや廊下を中心にチェック

続いて、中古マンションの共用部でチェックすべきポイントを紹介しましょう。

セキュリティ面を重視しているなら、コンシェルジュが常駐しているマンションだと、エントランスに常に人の目があるということで、一定の安心感は得られます。

オートロックや防犯カメラの有無もチェック。タワマンのなかには、メインエントランスに一つ目のロックがあり、さらに進んで2つ目、3つ目のロックがあるという多重ロック仕様になっているところもあります。ただセキュリティの厳しさゆえに、かえって不便になっているケース（ウーバーイーツなどの宅配を頼みにくい、など）も見られるため、自分がどの程度のセキュリティレベルを求めるか、改めて考える必要があります。

共用施設は実際に見に行きましょう。有効に活用されていない施設、維持費がかかりそうな施設がある場合、ムダなランニングコストを負担することになりかねません。

エントランスや廊下を歩いてみて、掃除が行き届いているかどうかも確認を。まれに、共用部に住民の私物が放置されていることがありますが、この場合、管理組合が身勝手なモンスター住民を制御できていない可能性も考えられます。

ゴミ置き場や駐輪場の状態も、見るべき箇所の一つ。どことなく荒れていてルールが守られていない雰囲気のときは、やはり管理が行き届いていない可能性があるでしょう。**掲示板があったら、どんな張り紙がしてあるか確認を。**騒音トラブルへの警告などがあったら、警戒したほうがいいかもしれません。

そのほか、郵便物がたくさん刺さっているポストが多い場合は、空き家が多いと予想されます。空き家が多いということは何らかの理由で不人気になっている証拠ですし、マンションの維持管理に必要な資金（住民が負担する管理費や修繕積立金）が積み上がっていないことも懸念されるので、その時点で購入は再考したほうがよさそうです。

加えて、専有部分の内見の際にでも**ベランダの上裏をチェック**してみましょう。上裏とは、上階のベランダの裏側のこと。マンション外壁やベランダのコンクリートのなかには鉄筋が入っていますが、コンクリートの表面にひびが入ると、なかに水が入って鉄筋が腐食します。すると、表面に茶色や褐色の腐食生成物（錆び汁）が出てくるように。この錆び汁が見られやすいのが上裏です。これを放置すると、腐食した鉄筋が膨張し、内側からコンクリートを押し出す「爆裂」という現象が起きてしまいます。

築20年くらいだとひびが入ることはよくあり、何も対処しないと爆裂につながります。本来は、ひびが入った時点ですぐに補修して、錆び汁が出る前に食い止める必要があります。錆び汁が出ているのに対策を怠っているマンションは、いずれ爆裂を招く恐れがあり、管理状況に問題があります。なお、1カ所でも爆裂が起こっていることが確認できる建物については、住宅ローンのフラット35を利用できなくなるので注意してください。

建物の周りも歩いてみましょう。周囲に覗かれたり、植栽から住戸に侵入できそうだったりしたら、低層階への居住に不安が生じます。

水害リスクが高いエリアの場合、電気室（電気設備が格納された部屋）がどこにあるのかも重要です。もともとは地下に作られることが多かったのですが、過去にはタワマンの地下に作られた電気室が浸水し、停電と断水が発生。エレベーターやトイレが使えずに騒動になったケースが話題になりました。そのため、過去に水害があったエリアで物件を探す場合、**電気室が地下に設置されていないこと**もチェックポイントになるでしょう。

地震に対する強度も、確認しておきたいポイント。そもそも、建造物の地震対策としては「耐震」「免震」「制震」という3つの工法があります。

耐震は、大半の住宅に採用されており、文字通り揺れに耐える構造です。免震は、建物と基礎の間に免震装置を入れ、地盤と離すことによって揺れを建物に直接伝えないようにする構造。制震は、建物内部にダンパーなどの制震部材を入れることで、地震の揺れを吸収する構造です。

もっとも揺れにくいのは免震構造ですが、コストが高くつくため、あまり一般の住宅には採用されていません。しかし、最新のタワマンでは免震や制震の工法が取り入れられていることも多く、地震への対策は強化されています。検討中のマンションに、どのような工法がとられているのかは確認しておきましょう。

ぱっと見で地震に対する強度があまり高くない、とわかる構造もあります。それは、1階が柱のみで広い空間（ピロティ）をとっているもの。ピロティ構造と呼ばれますが、1階に住戸や共用施設などがある建物に比べると、耐震性が弱くなりやすいです。阪神淡路大震災でもピロティ構造のマンションの被害が多かったので、覚えておくといいでしょう。

【落とし穴21】新築マンションはすべてが新品だからチェックは最低限で大丈夫

続いて、新築マンションの専有部分を見る場合のポイントを挙げていきます。

新築のマンションだと、すべてが新品なので、細かくチェックしなくても大丈夫だろうと思われがちですが、**実際には不具合ゼロはまずあり得ません**。

マンションが完成する前に契約した場合、内覧会が重要になってきます。通常、内覧会の後はもう引渡しになってしまうので、内覧会で隅々までチェックし、不具合があれば申告しましょう。後で見つけても対応してもらえるものもありますが、アフターサービスには期限や範囲が設けられているので、早めに見つけて対応してもらったほうが安心です。

通常、専有部分については基本のプランがあり、それをベースに設備機器などの仕様変更や間取りの変更などの希望を上乗せしていきます。内覧会では、設備や間取りが事前に依頼した通りになっているか確認を。**頼んでおいた設備がついていない、あるいは別のものがついている、なんてことはよくある話**です。

傷や汚れは引渡し後に無償で補修してもらうことができないので、気になるものがある場合には、内覧会の時点で伝えるようにしましょう。

ドアや棚は必ずすべて開け閉めを。新築だと、何となくそっと開け閉めしたくなるかもしれませんが、普段の力加減で動かしてみてください。がたつきがあったり、重く感じたりしたら申告します。また、床鳴りもよくあります。スリッパで歩くとわかりづらいので、素足や靴下で歩いて確認してください。

音関係でよくある悩みは、やはり近隣住戸の騒音です。たとえばタワマンは、遮音性が高いイメージがあるでしょう。実際、外の音は遮音するのですが、外が静かな分、建物内部の音がコンクリートの骨組みを伝わってよく響く傾向があります。

これは不具合ではないので、事前のチェックで解決できる問題ではありませんが、タワマンに住んでみたら意外とうるさかった、というお悩みは「あるある」です。子どもやペットがいて、音が気になる人は「タワマンなら静かだから大丈夫」と過信しないほうがいいでしょう。

さくら事務所では、建物の欠陥や劣化状況を調査し、改修すべき箇所などについてアドバイスするホームインスペクションを手掛けていますが、新築マンションの内覧会に同行すると、施工段階でのミスも意外とよく見つかります。具体例を挙げましょう。

わりと多いのは、**浴室の天井裏にある換気扇ダクトの接合部分に不具合がある事例。湿った空気が漏れてしまうため、放置するとカビの繁殖につながります。**

またエアコンを設置する際には外壁に穴を開けて管を通しますが、雨が降ったときにそこから水が室内に流れ込まないよう、外側に傾けて設置する必要があります。ところが、これが室内側に傾いて設置されている事例も時折見かけます。これらの施工ミスは一般の人が自力で見つけるのはなかなか大変ですが、よくあるトラブルなので覚えておいて損はありません。

内覧会では、自動火災報知器やスプリンクラー、ベランダの避難はしごといった、防災設備についても説明を受けるでしょう。こうした設備は定期的に点検が行われるので、家具などで隠してしまわないように注意が必要です。点検のときに困るだけでなく、実際に火災などが発生した際、防災設備がうまく作動しないと命にかかわる恐れもあるので、内覧会での説明はきちんと聞いておきましょう。

ベランダは専有部ではなく、専有使用権のある共用部です。火災などで避難を余儀なくされた場合、ベランダは避難経路となるため、隣の住戸との隔て板は、すぐ蹴破れるように簡素な作りになっています。隔て板の前など、ベランダに私物をたくさん置くのはNG。避難上邪魔にならない簡易的なテーブルと椅子くらいなら問題ないこともありますが、部屋に入りきらないアウトドア用品などをぎっちり並べる、といった行為は避けましょう。ベランダガーデニングを楽しんでいる人も多いですが、管理規約によっては鉢植えの置き方や使い方次第で管理規約違反になる恐れがあるので注意してください。

引渡しを受ける時点では建物が完成を迎えていると思わないという観点が実は重要です。引渡し後、人が住み始めることで温湿度等を含めた室内環境が変化して発生する初期不良が出てきます。

これらの不具合が発生することを見越して2年間以上の保証がつけられていることが一般的ですので、その保証を活用して初期不良を補修してもらうことも大事です。引渡し後2年間をかけて本当の意味で建物は完成していくと考えましょう。

【落とし穴22】売主側で建物状況調査を実施しているから安心

ここまでお話ししてきたように、不動産を見学する際には、新築であろうと中古であろうと細部まで目を光らせる必要があります。とはいえ、一般の人が自力でやるのは至難の業。そんなときは、ホームインスペクターに依頼するのも手です。

ホームインスペクターとはホームインスペクション（住宅診断）の専門家のこと。住宅の状況を精査して欠陥の有無などを確認し、第三者的な目線でアドバイスを行います。よく似たものに「建物状況調査」がありますが、こちらは宅地建物取引業法（宅建業法）で定められた制度であり、中古物件を対象に住宅の劣化や不具合などの状況を調査します。

建物状況調査は、中古物件の流通を促進する目的で国が導入したものであり、実施が義務づけられるわけではありませんが、おもに物件の売主が行うことが前提とされます。

とはいえ、買主の側からすると、**売主側が行った調査を頭から信じていいのか、一抹の不安を覚える方も少なくありません。**また、建物状況調査は調査の範囲や項目がそれほど多くないうえに、報告書を見ても一般の人には解読が難しいという側面があります。

そんなとき、ホームインスペクターに依頼すれば、買主の希望をくんだ形で調査が行われ、客観的な立場からのアドバイスを得ることもできます。建物状況調査は中古物件が対象ですが、ホームインスペクションは新築の物件でも対象になるので、新築マンションの内覧会に同行を依頼することも可能です。

建物の不具合を調査するというと、ホームインスペクションは物件のアラ探しが仕事というように思われがちですが、ホームインスペクションは売買上の建物に対する不安や疑問を解消するために行うものです。たとえば、雨漏りや爆裂のような大きな不具合は、必ず修繕が必要ですし、買う前の段階なら、購入するかどうかも含めて再検討すべきでしょう。一方で、床鳴りやちょっとした建て付けの悪さくらいであれば、深刻な瑕疵ではないので、急いで対応しなくてもさして問題ありません。

ホームインスペクターは不具合を洗い出し、対応する優先順位をつけるためのサポートを行います。そのサポートを受けていれば、この章の冒頭に登場した山田さんのような失敗は回避できる可能性が高いので、リスクヘッジとして検討する価値があるでしょう。

第3章

無知と無関心がタワマンを廃墟に変える

修繕積立金の値上げを巡って、住民間で意見が対立

小林さん（仮名）は5年前にマンションを購入。少人数の世帯を対象としたコンパクトマンションで、静かに生活できそうな環境が購入の決め手になりました。

このマンションに永住予定の小林さんは、管理組合の仕事にも積極的に携わってきました。そこへ降ってわいたのが「マンションの管理計画認定制度」です。話題が出たのは管理組合の理事会でした。理事の一人によると「認定を獲得すれば、管理に問題がない物件と認められたことになるし、マンションの価値が上がるはず。人気が低下して空き家だらけになると管理運営に差し障るので、価値を上げるための努力は必要ですよ」とのこと。

ただ、認定を取るためにはいくつもの基準を満たさなければなりません。そこで、ネックとなったのが修繕積立金です。小林さんの入居時、新築だったマンションの当初の修繕積立金は3000円でした。5年経った今も「建物に特に不具合は出ていないし、まだ値上げしなくてもいいのでは」という住民もいて、金額はそのまま据え置かれています。し

かし、マンション管理計画認定制度の基準を満たすためにはこの金額では到底足りず、月々の徴収額を約4倍に増額する必要があることがわかったのです。

昨今、修繕積立金が大幅に不足するマンションが増えているという報道を見聞きし、もともと危機感を持っていた小林さんは、認定の獲得を目指すこと、そのために修繕積立金を増額することを管理組合の総会で提案しました。

ところが、修繕積立金の大幅な引き上げには大半の住民が難色を示しました。なかでも、その場に数名いた、マンションを投資用に購入して人に貸している「大家さん」が、揃って強硬に反対。大家さんからすれば、投資用物件は数年で売る可能性があり、修繕積立金の値上げは毎月の収入の減少につながるため、容認しがたいというわけです。

小林さんのような「永住派」からすれば、マンションを末永く守っていくために欠かせない決断でしたが、両者の見解の相違は埋めがたく、話し合いは物別れに終わりました。このままでは積立金は値上げできず、認定も取れません。

この小林さんのようにマンションの先行きを案じ、不安に思っている人は大勢います。マンションを守るために、住民ができることとは一体何なのでしょうか？

【落とし穴23】築古マンションは建て替えればいい

新築や築浅でピカピカのマンションを見ていると想像しづらいですが、建物や設備は時間が経つと必ず老朽化します。外観がボロボロになる、コンクリートが爆裂する、漏水する、給水ポンプが壊れる、悪臭が漂うなど、何も手入れをせずに放っておいたら居住快適性が著しく低下し、安全性も損なわれていくでしょう。

ところが住み始めたばかりのときにそのことに思い至るのは難しいようで、将来はさておき目先の出費を減らしたい、と考える人が多いもの。結果、長期修繕計画についても無関心になりがちです。

前ページの事例がその典型ですが、住民の無関心の行きつく先にそのマンションの明るい未来はありません。たとえ最新式のタワマンであっても、長期的なマンションの管理に皆が無関心で、それが自身の不利益につながるという知識もない（得ようともしない）としたら、将来的にそのタワマンは見る影もなく荒廃するリスクがあります。

この章では、そんな状況を避けるために必ず知っておきたいマンション管理のポイントや、実際に管理組合が行っている取り組みなどを紹介していきます。

永住する意思があるなら、買ったマンションとともに50年も60年も暮らしていくことになります。50年、60年の間には、大規模修繕工事を何度も実施する必要があるでしょう。大規模修繕工事を実行するには莫大な資金が必要です。タワマンで1回あたり数億円、小規模マンションでも数千万円かかることがあります。初回の工事ではそこまでかかりませんが、回を重ねるごとに修繕する箇所が増え、費用も増していきます。

しかし、【落とし穴17】でも触れたように、このままでは修繕積立金が将来的に不足するマンションはたくさんあります。その先行きがどうなるかは、昭和40～50年代に建てられたかつてのニュータウン団地の現状から垣間見ることができます。

団地はエレベーターなしの5階建てが大半。築50年前後経っているのでかなり老朽化しています。修繕積立金が積み上がっていれば修繕できるはずですが、居住者が減ったり、滞納が相次いだりして、予定通り積み上がっていないケースもよくあります。

修繕積立金だけでなく管理費も十分に集まらないため、管理会社に管理業務を委託する

ことができず、管理費の徴収から共用部の清掃まで一切を管理組合が担う「自主管理」の体制になってしまうこともあります。

しかし住民が高齢者ばかりだと、出席者が足りず管理組合自体が成立しなくなる場合も。その結果、共用部の手入れは行き届かなくなり、照明の交換もされず、環境は劣悪になっていきます。ここまでいくと「限界マンション」と呼ばれる管理不全マンションのできあがりです。貧しい人たちが寄り集まってスラム化し、治安が悪化するリスクも高くなります。この段階まで行ってしまったマンションを救済するのは、かなり難しいでしょう。

いっそのこと解体すればいいのではないか、と思われるかもしれませんが、解体や建替えには区分所有者の5分の4の賛成が必要です。しかし、老朽化した団地では所有者不明の住戸も多いもの。もともとの所有者が亡くなった後、相続が行われずに名義が亡くなった人のままになっていたり、所有者が家をそのままにして老人ホームなどに移り住み、生死不明の状態になっていたりするためです。

仮に、団地で人が住んでいる住戸が半分、残りは空室（大部分が所有者不明）となっている場合、何か物事を決めようというときに今住んでいる人全員が賛成しても、住民の5分の4が賛成したことにはなりません。つまり、**所有者不明住戸の多いマンションは身動きがとれない状態**なのです。

こうした状況を受けて、2024年4月からは亡くなった人が所有する不動産の所有権移転手続き（相続登記）が義務化。所有者不明の住戸はゆるやかに減っていきそうですが、問題の解決にはまだ時間がかかるでしょう。

一方で、東京の多摩ニュータウンの「諏訪2丁目住宅」のように、管理組合が主体となって老朽化した5階建ての団地型マンション23棟を一括で建て替えた事例もあります。建て替え後は11〜14階建ての高層マンションが7棟竣工、住戸数は640戸から1249戸に倍増しました。増えた分は分譲され、売却益は建て替え費用に充てられています。新たに住戸を購入したのはファミリー層が中心で、住民の若返りを図ることにも成功しました。

このように、**管理の仕方次第では団地やマンションを荒廃させず、ダイナミックに生まれ変わらせる道筋も見出せる**のです。

【落とし穴24】管理組合の総会は、委任状で参加の意思を示しておく

繰り返しお話ししているように、マンションを生かすも殺すも管理次第であり、そのカギを握るのは管理組合です。管理は管理会社がやるものだと思っている人がよくいますが、**すべての決定権は管理組合にあります**。管理組合は分譲マンションの区分所有者全員によって構成される団体で、マンションを買うと同時に管理組合員になります。

同じマンションに住む人は共通の資産を守る仲間であり、意見交換しながら協力し合う必要があります。ですので、**管理組合の総会には必ず出席すべきでしょう**。マンションは直接民主主義にして合議制の一つの国のようなもの。総戸数が少ない場合は特にですが、一票の重みは非常に大きいので棄権はあり得ません。

マンションの総会は管理組合における最高意思決定の場であり、さまざまな重要事項の決議が行われます。たとえば「管理費や修繕積立金の値上げに関する決議」「これまで組合員全員が積み立ててきた多額のお金で、大規模修繕工事を行うことへの決議」「使われ

ていない共用施設を見直すことへの決議（機械式駐車場を取り壊す、キッズルームをスタディルームに変える、など）」「管理会社を変更することに関する決議」などです。マンションの区分所有者にとっては非常に大きな決定がなされることも多く、参加せずに後で文句を言ってもどうにもなりません。

ところが、実際には総会に参加する住民が少なく、委任状を出してそれで終わりにしている人が大半を占めるマンションは非常に多くなっています。国土交通省が５年に１回行っている「マンション総合調査（平成30年度）」によると、委任状及び議決権行使書の提出者を除く出席者の平均は、わずか32・９％。特に大規模マンションほど出席率が低くなると言われており、マンション管理に対する意識の低さが表れています。

住民の多くが「物言わぬ多数派（サイレントマジョリティ）」だと、管理組合の理事会にモンスターが紛れ込んでも、対応は後手に回ります。**大規模マンションになるほど過剰なクレーマーなどのモンスター住民が高確率で潜んでいます。**

総会は主要な議案を決議する場であり、その内容をあらかじめ話し合って決めておくのは理事会です。理事会は管理組合の執行機関で、その役員は住民が輪番制で担当するマンションが多く、任期は通常1～2年ほどです。理事会の役員は定期的に会合を開き、マンションを適切に維持・管理するための話し合いを行います。しかし、サイレントマジョリティは管理に無関心なので、役員になっても積極的に発言しないケースが多いもの。モンスター役員の意見を結果として受け入れ、暴走を加速させてしまう傾向があります。

モンスターにもさまざまなパターンがありますが、非常によく見られるのは、管理会社をまるでしもべのように見なし、必要以上に高圧的な態度をとるタイプです。本来、管理組合にとって管理会社は対等な立場のパートナーですが、モンスターが見下した態度をとって過剰なクレームを入れたり、管理人を怒鳴りつけたりして管理会社と対立し、最終的には管理会社のほうから三行半《みくだりはん》を突き付けられてしまうマンションもあります。それで慌てて次を探しても、解約の経緯から他の管理会社に警戒されることも多く、結果として住民の負担する管理費は値上げに。モンスター役員の横暴が、すべての住民に不利益をもたらすことになるのです。

また、管理会社からの修繕積立金の値上げ提案を独断で断固拒否し、不用意に管理会社と対立するモンスターもいます。モンスター役員が理事会で提案を退けてしまうと、総会の議題に上ることはなくなるので、ほかの組合員は将来的に修繕積立金が不足する可能性があることや、値上げの提案があったことすら知る機会を失います。その結果、後で修繕積立金の大幅な不足が露見し、後悔する羽目になる事例も見られるのです。

モンスターの暴走を未然に防ぐには、マンションの住民一人ひとりがマンション管理に興味を持ち、無関心でも許されている空気を払拭する必要があるでしょう。そのためには、最低限総会には参加する。どうしても参加できない場合は、委任状ではなく議決権行使書を提出し、自分の意思を表明することが大切です。

理事会の役員が回ってきたら、マンションについてよく知る機会だと捉えて、前向きに活動しましょう。総会の出席率を上げるための取り組み（多くの人が参加できそうな日時に設定する、何かのイベントと同日に開催する、など）も、積極的に行いたいところ。

理事会や総会に専門家を招聘《しょうへい》するマンションも増えていますが、モンスター対策に有効ですし、目下の問題を整理して考えられるので検討する価値があります。

【落とし穴25】管理の質が下がった場合は、管理会社を変えてみる

マンション管理は住民によって構成された管理組合の主導の下、管理会社が実務を請け負うケースがほとんどです。現状、大部分のマンションは「全部委託管理」という形をとっており、必要な業務のほぼすべてを管理会社に任せています。

全部委託管理以外には「一部委託管理」と「自主管理」があります。自主管理とは、管理会社に委託せずに管理組合が管理費を集め、会計業務などの実務を行い、設備の点検や清掃や植栽の手入れをする業者を選定・発注（あるいは居住者で清掃などを実施）します。一部委託管理は、このうち会計業務などの一部業務を管理会社に委託して、残りは管理組合が委託先を選定するという、全部委託管理と自主管理の中間のような方法です。

全部委託管理のマンションが多いことからもわかるように、従来、管理は管理会社に任せるのが一般的であり、自主管理をしているマンションは敬遠される傾向がありました。

しかし、最近は管理委託費の高騰によって、状況が変わりつつあります。

背景にあるのは物価や人件費の高騰です。特に顕著なのは人件費の値上がりで、管理人や清掃員のなり手不足は深刻です。管理人はシニアが多く、少し前までは会社を定年退職した人のセカンドキャリアとして人気の仕事でした。ところが、今はいくら求人をかけても、ほとんど応募がありません。マンションによっては、管理人が住み込みのところもありますが、今住み込みで求人をかけても、見つからない可能性が高いでしょう。

政府による雇用延長の促進により、60歳以降も元の会社で働く人は増えています。結果、シニア人材マーケットには人材が流入しなくなり、マーケットは崩壊。そんななかで人材を確保するには賃上げが必要であり、管理委託費の値上がりの一因になっています。

また、管理会社の窓口となり、管理組合のサポート役を務めるフロント担当者（フロントマネージャー）も不足しており、以前に比べ一人が数多くのマンションを担当せざるを得ない状況に。現場は業界経験の乏しい若手も動員しないと回らず、担当マンションのことを隅々まで把握しているようなフロント担当者は、稀有な存在になりました。

管理委託費は上がっているのに管理の質は下がっているという意味で、これもステルス値上げです。こうした状況もまた、管理会社と管理組合がもめる要因になっています。

管理委託費が高くなれば、当然ながら住民が負担する管理費も上昇します。さくら事務所が中央区や港区、渋谷区など都心9区にある大手デベロッパーのマンションを調査したところ、2017年から2022年までの5年間でマンション管理費、それに修繕積立金の平均値は、**10％以上も値上がりしている**ことがわかりました。

管理会社からの相次ぐ値上げ要請に、多くの管理組合が悲鳴をあげています。「2年前に10％の値上げに応じたばかりなのに、また10％の値上げ要請が来た」なんて話はザラ。管理会社に不信感を抱き、管理組合の理事などが「管理会社なんかほかにもいっぱいあるんだから、もう替えてやる！」と捨て台詞をはいて、契約を打ち切るケースもあります。

かつて、リーマン・ショック後あたりは管理組合の買い手市場だったので、いくらでも安い管理会社を見つけることはできました。しかし、今は状況が異なります。業界全体が完全に値上げ基調になっているので、**今より安い管理会社を見つけるのは至難の業**。見つけられてもサービスの質は大幅に下がるでしょう。このような事情から、管理会社に見切りをつけて、選択的に自主管理の道を進むマンションも少しずつ出始めているのです。

不動産の専門家が住んでいるならともかく、素人の集団がマンション管理を全部やるなんで無謀だ、と思われるでしょう。たしかに、すべて自分たちだけでやるのは難しいので、マンション管理士のような専門家を頼る必要はあります。

最近では、スマホのマンション管理アプリも登場。たとえば「クラセル」というアプリは、管理費の徴収や支払い、帳簿の作成、名簿管理、駐車場などの契約管理、修繕の手配など、管理に必要なあらゆる機能が搭載されています。大規模マンションだと難しいかもしれませんが、100戸程度の中規模なマンションまでなら無理なく対応できるでしょう。マンション管理士に相談しながらアプリを使えば、それほど苦労せずに諸手続きができてしまいます。それでいて管理会社に全部委託するよりも費用ははるかに安上がりです。

管理費を引き下げるアイディアは、ほかにもいろいろあります。たとえば、清掃に関しては全部委託だと定期的に業者が入り、機械清掃が行われます。コストを引き下げるには、床洗浄機などを管理組合で購入し、住民が持ち回りで清掃するのも一案でしょう。

ほかにも工夫次第でコストを引き下げながら自主管理をすることは可能です。管理会社におんぶにだっこの時代が終わり、これからは賢くコストを引き下げながら、積極的に自主管理をするマンションが評価される時代が到来するかもしれません。

【落とし穴26】管理委託費の値上げには従うのが良策

さくら事務所では「管理会社から管理委託費の値上げを要求されて困っている」という管理組合からの相談をよく受けます。【落とし穴25】で紹介したように、実際に管理費は上昇傾向であり、住民の負担が増しているのは事実です。

諸物価高騰の折、管理会社の台所事情も考えると仕方のないところではありますが、どうも「管理会社が不当に値上げを要求してきている」という見方をしている管理組合が多いのが気になるところです。

実際には、不当な値上げを要求しているケースはほぼありません。値上げの内容と理由の確認はしたほうがいいですが、管理会社を一方的に敵視する姿勢は改めるべきでしょう。

今の管理会社と付き合いを続けていきたいけれど、管理委託費の値上げは受け入れがたい。そんなときには、委託費を据え置くための交渉をする必要があります。

たとえば、現状では朝から夕方まで勤務してもらっている管理人さんの勤務時間を午前中のみにする。あるいは、週2〜3回の巡回勤務にする。また、現時点で年4回定期的な清掃を入れているなら、1回減らして年3回にする。**サービスの質を大幅に低下させず小幅に調整していくだけでも、管理委託費を多少減額することはできる**でしょう。

譲歩できるところは譲歩したとして、それでも管理委託費が値上がりしてしまう場合、ほかに手立てはないのでしょうか？

検討したいのは、**マンション敷地内のスペースを有効活用して、収入を増やす道を模索する**ことです。昔からよく採られている手は、自動販売機を置くこと。置ける数と収入は限られるものの、居住者にとってはあると便利ですし、長期で見れば無視できない金額になるでしょう。

もっと積極的に稼ぐことに力を入れている管理組合では、ちょっとしたデッドスペースにゴルフのシミュレーターを設置したり、トランクルームを設けたりして、利用料を稼いでいます。使われていない集会室を外部に貸したり、管理人の住み込みをやめたことで空いた管理人室を改装して貸し出し、家賃収入を得たりしているマンションもあります。

また、昨今は車に乗らない人も多く、区分所有者からの駐車場収入が減少しているマンションが増加。これを有効活用しようということで、駐車場の空きスペースを時間貸駐車場やカーシェア業者に貸し出すマンションもかなり多くなってきました。駅前・駅近の好立地マンションなら、駐車場のニーズは高いでしょう。

そのほか、通信会社からの依頼を受けてマンションの屋上に携帯電話のアンテナ基地局を設置し、賃貸料を稼いでいるマンションもありますし、企業の看板広告を出して、やはり賃貸料を得ているケースもあります。

本来、管理組合は営利団体ではありません。管理組合員（居住者）がゴルフのシミュレーターやトランクルームを利用し、そこから収入を得た場合には問題ありませんが、**管理組合員以外の外部者から収入を得ていると、管理組合は収益法人と見なされて、法人税の納税義務を課されることがあります。**

駐車場の貸し出しのほか、区分所有者以外も買える場所に自動販売機を設置していたり、屋上に携帯基地局を設置していたりするケースも、外部からの収益と見なされます。

ただ、税務解釈はなかなか複雑で、たとえば駐車場の貸し出しの場合、管理組合が外部に募集を行って、居住者も外部者も優先順位なしに駐車場を貸すとしたら、駐車場全体が収益事業と見なされます。

そうではなく、外部に貸し出しを行うものの、あくまで居住者が優先という条件（居住者からの申し出があれば一定期間内に明け渡す、期間を定めた賃貸契約として、期間ごとに契約更新をする、など）をつける場合は、駐車場全体ではなく外部貸し出し部分のみが収益事業と見なされます。

あるいは、管理組合が募集はせずとも外部から貸し出しの申し出があり、その利用が居住者の利用を妨げず一時的なものである場合には、収益事業と見なされません。

このように、専門知識がないとわかりにくい部分も多いため、どのようなことをして稼ぐかは税務の専門家に相談したほうがベターでしょう。ただ、それにはコストが発生してしまいます。それを差し引いても大きな収入が見込めるなら、積極的に稼ぐことも検討していくのがいいかもしれません。

創意工夫をすることで、管理費や修繕積立金が不足した際に値上げ一辺倒にならない、イノベーティブな管理組合が理想です。

【落とし穴27】工事発注の際は、管理会社に必ず相見積もりを取らせる

管理会社はマンションの専門家集団であり、管理組合にとっては心強いパートナーです。とはいえ、管理会社は営利企業であり、マンション管理の受託や工事の受注によって利益を得ているため、管理組合と利害が一致しているわけではありません。

管理会社は管理業務や日常的な修繕をこなしているだけでは経営が成り立たないので、大規模修繕工事を請け負う必要があります。管理会社や工事の規模によっても違いますが、**工事を請け負うと総工費の5～20％くらいは管理会社の利益になります。**

「そんなに管理会社の取り分が多いなんて、あくどい！」と思うかもしれませんが、管理会社からしてみると、ここで利益を上げなければほとんど儲けがありません。儲けがなければ潰れてしまうので、必ずどこかでは利益を確保する必要があります。

そのことを理解していない管理組合は、管理会社側から修繕積立金の値上げを提案されたり、工事の実施を促されたりすると「自分たちの儲けのためでは？」と、反発しがちで

す。修繕積立金については当初の予定通りに積み上がっていなくて、本当に値上げしないと厳しいことから、管理会社が先行きを心配して助言していることもあります。また、**管理会社は基本的に「転ばぬ先の杖」の方針で、設備などが壊れる前に修繕工事を行い、トラブルを未然に防ぐことを目指しています。**よって、早めに工事の実施を促すのも、間違ったことをしているわけではありません。

繰り返しになりますが、管理会社が儲けようとするのは生存戦略として当然なので、そこは受け入れましょう。一方で、管理会社を信じすぎると損することがあるというのもまた、事実です。

たとえば、管理会社が明らかに早すぎるタイミングでの修繕、必要以上の工事などを提案してくる場合があります。

建物や設備は、構造や環境、使われている部材などによって耐用年数に差があります。例を挙げると、排水管なら炭素鋼鋼管、硬質塩化ビニル、鋳鉄管といった種類があり、耐用年数は炭素鋼鋼管が20〜25年、硬質塩化ビニルが30年、鋳鉄管が35〜40年。古いマンションほど、耐用年数が短い排水管が使われていることが多いです。

丈夫な鋳鉄管を採用しているマンションで、定期的にメンテナンスをしており、どの住戸でも排水管詰まりなどのトラブルがない場合に、15年経過したところで「一般的な排水管なら交換のタイミングですよ」と言われたら、明らかに早すぎるでしょう。仮に15年周期で大規模修繕工事を行う計画だと、鋳鉄管の排水管なら3回目の大規模修繕工事を検討するタイミングで、合わせて交換を検討すれば十分です。

修繕工事においても、管理会社に一任して損をしてしまう事例はあります。多くのマンションでは管理会社に依頼してそれで終わりとしてしまいますが、少しでも費用を削減したいなら、複数の業者に声をかけて相見積もりを取るべきでしょう。相見積もりを取るところまではやっていても、よくあるのは管理会社経由で相見積もりを取っているケース。**管理会社の息がかかった業者に相見積もりを取ってもあまり意味がないので、取るなら管理組合のほうで業者を選定すべきです。**

より大規模な修繕工事をめぐっては、談合も横行しています。よくあるのは、管理組合に委託された管理会社や設計事務所が複数の施工会社に見積もりを取りながら、**裏ではあらかじめ受注する施工会社を決めてあるというやり口。**施工会社が工事を受注した後、管理会社や設計事務所にはバックマージンが支払われます。当然、見積もりの費用は割高になっているので、管理組合は損をします。

管理組合が自力で談合を見抜くというのは無理な相談なので、さくら事務所では、そもそも談合が発生しにくい**「プロポーザル方式」**での施工会社の選定をおすすめしています。プロポーザル方式では、最初に複数の施工会社を選定し、それぞれ建物を調査してもらって、オリジナルの工事プランを提案してもらいます。同一の仕様書でプランを作成すると談合を見抜きづらくなりますが、このやり方なら各社の差が鮮明に。作成するのに時間と手間がかかることも、談合を予防する効果があります。

過去には、ほぼ同じ形状、同じ戸数の隣り合ったマンションがあり、一つは管理会社を介して設計監理方式、もう一方はプロポーザル方式で施工会社を決めて、ほぼ同じ内容の大規模修繕工事をやったところ、後者のほうが**2割もコストが安くなった**という事例もあります。

談合は一部の悪質な管理会社や設計事務所が行うことですが、住民が管理に無関心なマンションだと、このような事態を引き寄せがちです。大規模修繕工事のように大きなお金が動くときは特に、自分事と考えてしっかり関心を持ちましょう。

【落とし穴28】マンションの外壁は、メンテナンスが簡単なタイルがベスト

マンションの外壁は、鉄筋コンクリートを風雨や紫外線から守るためにタイルが張られたり、吹き付け塗装が行われたりしています。古いマンション、団地は吹き付け塗装が多いですが、比較的新しいマンションになるとほとんどがタイル張りです。

これはタイルのほうが高級感があると見なされて人気があるからで、高級マンションは基本的にすべて総タイル張りです。ただ、タイルは管理に手間がかかることも多く、定期的に塗り直すだけで済む吹き付け塗装に比べて、実はデメリットが潜んでいることも。デベロッパーは、タイル張りにしないと売れないからタイルを張っているだけで、売れるのであればすぐにでもタイル張りをやめたい、というのが本音のところではないでしょうか。

外壁タイルの最大のデメリットは、剝落の事故が多い点です。過去には、何度となく高層ビル・マンションの外壁タイルの剝落事故が起きており、下を歩いていた通行人や車を直撃した事例もあります。剝がれるときは、タイル１枚がポロッと落ちるだけではなく、

周辺のタイルがドサッと一斉に落ちることもしばしば。1枚落ちるだけでも十分に危険ですが、5㎡くらいの大量のタイル（約1000枚）が一気に剝落した事例もあります。さくら事務所にもマンションの管理組合から外壁タイルに関する相談が頻繁に寄せられ、その数はこの10数年で100件以上に及びます。

相談事例を見ていくと、**タイルの不具合は2004～2007年頃に竣工のマンションに特に多くなっています**。時代背景を振り返ると、2003年から不動産市場はプチバブルの様相を呈し、土地価格は高騰。このとき、高値で土地を仕入れたデベロッパーは、分譲価格にそれを転嫁して売れ残りを抱えることを恐れ、施工のコストを削減しました。

その煽りを食らった施工会社は、短い工期のなかを少ない人手で作業するしかなく、タイル張りに長けた職人に臨時雇いの職人も加えて突貫工事を行う羽目に。そうなると、意図的なのかそうでないのかは判断が難しいところですが、手抜き工事が増えてきます。これが、この年代のマンションに施工ミスが多い要因の一つと考えられます。施工ミスは外壁タイルの不具合に限ったことではありません。2015年に建物の傾きが発覚し、全棟建て替えになって注目を集めた横浜のマンションも、この時期に建てられたものです。

外壁タイルを張る手順については、国土交通省や日本建築学会などがマニュアルを出しています。それに従っていれば簡単に剝がれないように張れるはずですが、剝落事故は後を絶ちません。マニュアルはこまめに改訂版が出されていますが、その頻度の高さが、剝落事故のなかなか減らない実状を物語っていると言えるでしょう。

外壁タイルの一般的なアフターサービス期間は竣工後2〜5年です。この段階でタイルの浮きやひびなどを発見したら、初期の施工不良ということでスムーズに修繕してもらえます。竣工から10年間は売り手側に住宅瑕疵担保責任がありますが、外壁タイルの浮きや剝離はこの対象にならないため、アフターサービス期間を過ぎると修繕費用を負担してもらうのは難しくなります。

ですが、外壁タイルの不具合は1回目の大規模修繕工事の際に発見されることが少なくありません。大規模修繕工事は建物の竣工から12〜15年程度経って実施される場合がほとんどなので、アフターサービスの期間は過ぎて管理組合が修繕費用を負担せざるを得なくなります。引渡し後2年目のアフターサービス期限に間に合うタイミングで専門家に共用部分全体を点検をしてもらい、アフターサービスを活用するのが望ましいでしょう。

ただでさえ大規模修繕工事で多額の出費を余儀なくされるのに、外壁タイル補修という想定外の出費が上乗せされれば、修繕積立金が不足する恐れがあります。

それでも不具合を見て見ぬふりすると、タイルが落下して人身事故になるかもしれません。住民はもちろん、通行人も危険にさらされます。事故が起これば、問題を放置したマンションの管理組合は罪に問われることになりますし、マンションの評判は地に落ちて資産性も低下。将来的に売却したくても、思ったような値段で売れなくなる可能性が出てきます。**タイルの不具合は、見つけたらすぐに対応が鉄則**です。

ちなみに、タイルの不具合を調査していて、ほかの不具合まで見つかるケースもあります。よくあるのは、構造（耐震）スリットの施工ミス。柱と壁などの間に意図的にスリット（すき間）を設けて、地震のときに建物が大きく損傷することを防ぐためのものですが、設置不良や未設置のミスは何件も報告されています。

構造スリットがない建物は、建築基準法の新耐震の基準を満たさなくなることもあるので、非常に危険です。ただ、住民が気がつく類いのものではないので、タイルの点検と合わせて専門家にチェックを依頼する必要があるでしょう。

【落とし穴29】国土交通省の指導に従い、大規模修繕工事は12年ごとに行う

マンションの修繕にかかわる常識は、年を追うごとに少しずつ変わっています。たとえば、これまでは長きにわたって「大規模修繕工事は12年ごとの周期で行うのが常識」と考えられてきました。しかし、直近では**この周期を16～18年に延伸しようという動き**が出てきて、トレンドになり始めています。

従来12年周期とされていた理由の一つは、国土交通省が平成20年に公開した「長期修繕計画作成ガイドライン」に、外壁の塗装や屋上防水などの大規模修繕工事は、12年程度を目安にするという記載があったからです。1回目の大規模修繕計画が12年目に計画されていることから、多くのマンションでは建物の劣化状況などにかかわりなく、管理会社の言いなりに修繕積立金の残高ギリギリの費用で工事が行われました。しかし2回目、3回目の工事になると修繕積立金が大幅に不足し、工事の実施には借入を余儀なくされることになり、思い悩まれた末、さくら事務所に相談される管理組合が後を絶ちません。

竣工・外壁改修後10年を経た建築物は、外壁タイルやモルタルの表面を全面調査し、浮きがないか調べることも義務付けられています（3年以内に確実に外壁改修が行われる予定であれば、調査実施の猶予が受けられます）。

マンションごとに置かれている環境、仕様、工法は千差万別なので、すべてのマンションにこの目安を適用できるわけではありません。にもかかわらず、ずっと12年周期で工事が行われてきたのは、そのほうが好都合な人たちが業界を牛耳ってきたからです。管理会社も施工会社も、短い周期で工事を受注したほうが儲かります。

日本には耐久性の高い高品質な塗料や素材を開発している企業がいくらでもありますが、管理会社の技術部門などに優れた自社製品を営業しに行っても興味を持ってもらえないことも多いと聞きます。そもそも12年周期での工事ありきなら、耐久性の高い塗料などは不要であり、わざわざ導入する必要がないからでしょう。

しかし、最近は潮目が変わって、一部の大手管理会社が大規模修繕工事の長周期化を提案するようになってきました。たとえば、大手デベロッパー系の管理会社である野村不動産パートナーズは、大規模修繕工事の周期を16〜18年とする「re:Premium Duo」の提供を開始しました。これは、同社が元受け工事を担うことで最大15年の保証を実現し、最長18年程度まで大規模修繕工事の周期を延伸して、工事の頻度を減らすというもの。竣工後60年までの長期修繕計画がベースとなっています。

大規模修繕工事の周期が延びると、修繕積立金は大幅に節約できます。たとえば、築60年までのスパンで考えて、12年周期で大規模修繕工事を行うとすると、期間中の工事の回数は4回（60年目に5回目）となります。これに対し、18年周期であれば工事の回数は3回に。

1回工事を減らせば、数千万～億単位の費用を軽減できます。

神奈川県横浜市の総戸数32戸のマンションで「re:Premium Duo」を導入し、1回工事を減らした場合の削減効果が試算されていますが、これによると節約できる金額は4000万円強。従来（12年周期で工事を行った場合）と比べて18％以上の削減であり、1戸あたりの負担は約126万円も低減されます。

この試算からもわかるように、大規模修繕工事の周期の延伸は、修繕積立金の不足に悩むマンションにとっては特効薬になり得ます。野村不動産パートナーズ以外の管理会社でも長周期化を提案する動きがあり、修繕積立金の捻出に苦しむマンションには朗報です。

工事の周期を延ばすためには、いくつかやるべきことがあります。まず、新築時の施工不良の有無は、専門家の手を借りて早めに確認したいところ。屋上防水やシーリング防水、塗装工事のように、工事にあたって足場が必要な箇所の耐久性を高めることも重要です。

高所で安全に工事をするためには、足場を設置しなければなりません。足場費用は非常に高額で、一般的なマンションだと足場代が総工事費用の15〜20％を占めることもありえます。足場が必要な箇所に高品質な塗料などを用いて耐久性を高めておけば、工事の間隔を延ばすことができ、足場を設置・解体する回数も減らせるのです。

耐久性の高い塗料などを用いて工事を行うと、10％程度は工事費用が高くなりますが、それで工事周期を1・5倍の間隔に延ばすことができれば、トータルでは大幅なコストダウンにつながります。18年周期になると途中で軽微な不具合は出てくると予想されるため、中間の9年目あたりでメンテナンスや点検の機会を設ける必要はあるでしょう。

これからマンションを買う場合は、大規模修繕工事の長周期化の考え方を取り入れて、合理的に修繕積立金を積み上げているところを選ぶ。そんな視点を持っておくと、賢い物件選びができそうです。

【落とし穴30】長期修繕計画は管理会社が策定しているから安心

長期修繕計画は管理組合が作成することになっていますが、たいていの場合は管理会社に作成を委託します。マンション住民が負担する修繕積立金は、長期修繕計画を根拠として金額が決まるため、計画の正確性・妥当性は非常に重要です。が、そのわりに計画の中身をきちんと精査している管理組合は、それほど多くはありません。

これは非常に危険です。なぜなら、実のところ長期修繕計画にはかなりミスが多いからです。ミスの種類は大体次の４パターンに分類できます。

①設置されているのに計上されていない設備がある
②設置されていないのに計上されている設備がある
③数量や金額が間違っている
④不要な修繕工事が計上されている

一番多いのは①の、設備があるのに計上漏れというパターンです。設備の存在自体が見落とされ、交換やメンテナンス費用などが計画に盛り込まれていない事例は、本当によくあります。設備の多い大規模マンションでは、特に見落としが多く発生しがち。なかでも防災関連設備に関する「抜け」が多い印象ですが、これは管理会社に防災設備の専門家が少ないためでしょう。

逆に、設置されていない設備が計上されているパターンもしょっちゅう見つかります。さくら事務所は外部の専門家という立場で、管理組合から依頼を受けて長期修繕計画のチェックをしていますが、明らかに自家発電設備がなさそうなマンションで、長期修繕計画のなかに消防設備の非常用電源として自家発電設備（1300万円）が計上されており、調査した結果、やっぱり設備はなかったということがありました。

なぜこのようなミスが生じたのか、計画の作成元である管理会社に聞き取りをしたところ、このマンションの長期修繕計画を作成するにあたって、別のマンションの計画書に上書きする形で作成しており、元データのマンションにあった項目を消し忘れた結果だということが判明。単純にしてありがちなヒューマンエラーです。

数量や金額の間違いもよくあります。エレベーターが6基あるマンションで、1基あたり2000万円（合計1億2000万円）で交換するはずが、1ケタ間違って200万円となっており、1200万円で予算に組み込まれていたこともありました。誤差は1億円以上です。

不要な費用の計上で1億円を超える誤差が生じた事例もあります。通常、公設の水道メーターは8年ごとに交換する必要がありますが、費用はかかりません。しかし、計画には交換費用が計上されており、それも30年の長期修繕計画だったので全部で3回分、全住戸で交換するものとされていました。

また、20年以上の耐久性を持つ保護コンクリート付きの屋上やベランダについて、12年目の大規模修繕工事で防水工事を行うなど、過剰な修繕工事を盛り込んでいる事例もしばしば見られます。

このように、**長期修繕計画には放っておくと取り返しがつかなくなるような致命的ミスも多く混在**しています。**その多くは管理会社が計画を作成する過程で生じたヒューマンエラー**です。管理会社では担当者が計画を作成した後、それをさらに何人もでチェックする体制が敷かれていますが、それでもミスは量産されています。

そのため、管理会社から提出された長期修繕計画はそのまま鵜呑みにせず、一度外部の専門家のチェックを通したほうがいいでしょう。

それをしないままに修繕積立金を計算し、工事前になってまったく足りないことが判明したら、住民全員が高額の一時金を課される可能性があります。しかし、すべての人が高額の一時金を簡単に支払えるとは考えにくいため、工事費用が支払えなくなって予定通りの工事ができなくなるかもしれません。

また、できれば**修繕積立金には工事費用に加えて、予備費も追加しておくのがおすすめ**です。住宅設備は常に進化しており、古いマンションの設備は徐々に陳腐化していきます。たとえば、今どきインターネット環境が整っていないマンションを買いたい人はいないでしょう。インターネットが常識になったように、今後もあって当たり前になる設備が出てくる可能性はあります。

電気自動車の充電設備もその一例です。まだ充電設備がないマンションは多いですが、いずれは充電設備がないなら買わないという人が増え、対応しないとマーケットに置いていかれます。設備をアップデートするための予備費は設けておくのが望ましいでしょう。

第4章
マンションの資産性を高めるために

新築物件に負けない価格を維持するために

10年ほど前に、新築のタワマンを購入した高橋さん（仮名）。通勤に便利な立地で、最寄り駅から徒歩5分。ショッピングセンターやスーパーマーケットも目と鼻の先にあり、建物自体のラグジュアリーな雰囲気や厳重なセキュリティも魅力の好物件です。

高橋さんは２０２４年の今も同じタワマンに住み続けていますが、相場価格は新築分譲時よりも大幅に上昇。昨今、首都圏の好立地マンションは軒並み値上がりしており、高橋さんの住むマンションも例外ではありません。

近隣には次々とタワマンが建てられて、売り物件の数は増えています。それでも高橋さんのタワマンは値下がりせず、新築や築浅物件とほとんど同等の価格で販売されています。

「今売ったら、かなり儲かるな」と、物件情報サイトをしょっちゅう見てはほくそ笑む高橋さんでしたが、自分も家族もこの物件が気に入っており、当面は住み続ける予定です。

住み始めてからわかったことですが、このマンションには自治意識が高い住民が多く、管理組合は積極的に専門家を招いた勉強会などを行って、安心して生活できるマンション管理を目指しています。そのため、今社会問題になっている修繕積立金の不足などの懸念はなく、長期的な資金計画は万全です。

2022年4月に導入された、国と自治体が主導する「管理計画認定制度」で認定を獲得しているほか、マンション管理業協会の「マンション管理適正評価制度」でも高い評価を得ており、管理力の高さをアピールして資産性を高めることにも余念がありません。

高橋さんはもともとマンション管理の知識などまったくなく、管理会社に任せておけばいいものだと思っていましたが、このタワマンに住むようになって認識が変わりました。今では積極的に総会に出席しますし、管理組合が主催するイベントや防災訓練などにも時間を作って参加します。当初、マンションは人間関係が希薄だと思っていた高橋さんでしたが、意外と密接な交流があることもわかり、タワマン内で人脈は広がりました。

今は、この高橋さんが住むタワマンのように、優れた管理が行われている物件が評価され、価値を上げていく時代です。この章では、具体的にどのようなポイントを押さえたマンションが資産性を高めているか、実例を交えながら紹介していきましょう。

【落とし穴31】建物は築年数とともに価値が低下していく

第3章までお読みいただき、マンションが生き残るうえで何より重要なのが管理だということはご理解いただけたと思います。それを受けて、第4章ではマンションの資産性を高める管理組合の取り組みや、リノベーション、メンテナンスによって資産性を上げる「住まい方」などを取り上げていきます。

建物の資産価値は、時間の経過とともに下がっていくのが普通です。木造の戸建住宅は築20年以上建つと、価値がほとんどゼロになると言われています。まだまだ住むことができる住宅の価値をゼロとしていること自体、課題ではありますが、築古の戸建住宅の売買価格のほとんどは、土地の価格で売却されています。

一方、マンションはまた事情が違います。管理状態が良い好立地物件であれば、築年数が多少古い物件でも新築時より値上がりしています。

このような物件を購入できれば、何年後、あるいは何十年後かに売却する際、元の買値より高く売ることもできるでしょう。仮に5000万円で買った物件を20年後に7000万円で売却できたとしたら、諸経費などは差し引かれるものの十二分に利益を得られますし、その物件に住んでいた20年分の住宅費を無料にできたことにもなります。

それでは、どんな物件なら値上がり、もしくは価格の維持を見込めるのでしょうか。キーワードとなるのが「管理力」です。最近では管理力に目を向ける買い手が少しずつ増えており、管理計画認定制度やマンション管理適正評価制度を活用して、**管理力を対外的にアピールできているマンションは、資産性が高まりやすくなっています。**

その好例が神奈川県川崎市のパークシティ武蔵小杉ミッドスカイタワーです。パークシティ武蔵小杉ミッドスカイタワーは2009年竣工。タワマン密集地であるこのエリアにおいて比較的早期に建った物件です。パークシティ武蔵小杉ミッドスカイタワーの管理組合は「100年安心計画」を掲げ、100年間にかかる修繕支出を網羅した長期修繕計画を策定しています。後々負担になりがちな機械式駐車場のメンテナンス問題にも早めに対応。ほかにも金融商品への投資や駐車場の外部貸しといった収益事業を手掛け、管理組合が「稼ぐ」ことに注力しています。

管理計画認定制度の認定を取っていますし、マンション管理適正評価制度では最高評価にあたる5つ星に輝いています。さくら事務所では中古マンションの管理力をプロが厳しく審査した物件を掲載するマンション取引サイト「BORDER5」を運営していますが、BORDER5にも管理良好マンションとしてセレクトされています。

こちらの管理組合は広報活動にも積極的で、管理組合がマンションのオリジナルサイトを立ち上げ、継続的に運用するスキームも構築し、自分たちのマンションでどのような管理が行われているかを、こまめに情報開示しています。

管理費・修繕積立金がどれくらい貯まっているか、この先の修繕計画の見通しや履歴など、マンションの管理の状態を記載する資料を「管理に係る重要事項調査報告書」と言います。不動産仲介業者は中古マンションの売買にあたって、この報告書を管理会社から取り寄せますが、パークシティ武蔵小杉ミッドスカイタワーでは管理に係る重要事項調査報告書も独自に作成しています。

管理に係る重要事項調査報告書は基本的に統一フォーマットがあり、そのなかに数字などを書き込んで作成していくので、どんなに良い取り組みをしていて管理に自信があったとしても、統一フォーマット上では違いをアピールするのが難しくなります。

しかし管理組合でオリジナルの報告書を作成すれば、時系列で自分たちの行ってきた取り組みを列挙し、魅力を存分に伝えることができます。不動産仲介業者も、物件のセールスポイントをつかんで販売サイトの説明文を書きやすくなるでしょう。こうした努力がほかの物件との差別化につながり、早く、高く売れることに直結していくのです。

実際、竣工から15年経ちますが、２０２４年時点で新築分譲時より価格が約５割増しになっていますし、同エリアの築浅のタワマンにも負けない価格帯を維持しています。

もっと築古の物件でも、価値を維持、場合によって上昇させているケースもあります。東京・渋谷区広尾の広尾ガーデンヒルズは、竣工１９８７年で築40年近くにもなりますが、いまだに分譲時を超える価格で取引されています。

こちらのマンションもオリジナルのサイトを運営し、ＳＮＳを駆使しながらマンションの魅力を発信し続けています。昔から芸能人などが住んでいてステータス性がありますが、それ以上に住みやすさが知れ渡り、人気を底支えしているのでしょう。**管理に自信があり、広報発信力もあるマンションは、相場より１～２割高く売れる可能性があるのです。**

【落とし穴32】マンション暮らしは面倒な人付き合いが必要ない

マンションの管理力を測るうえで、さくら事務所が重視しているのは次の４つのポイントです。

①組合運営力
②メンテナンス&資金力
③コミュニティ&住み心地力
④防災力

さくら事務所が管理力の高いマンションをセレクトしているマンション取引サイト「BORDER5」でも、これらの指標でマンションの管理力を数値化しています。

「組合運営力」とは管理組合がきちんと組織・運営されているかを測る指標です。管理組合総会の出席率が８割以上などと高く、理事会の議事録が管理組合員に速やかに情報共有されており、管理費の滞納が少ない、などの条件を満たしていれば、組合運営力は高いと言えるでしょう。

「メンテナンス&資金力」とは、長期的な目線で管理組合の会計が健全化されており、必要な修繕とその資金について適切な計画が立てられているかをチェックする指標です。妥当性の高い長期修繕計画が定められており、計画的に積立金が徴収されていることや、必要な法定点検が漏れなく実施されていること、相見積もりを取って修繕工事を発注していることなど、第3章で紹介したような取り組みができているマンションは、メンテナンス&資金力がハイレベルです。

「コミュニティ&住み心地力」の高さも大切です。賑わいを生むコミュニティの形成は、マンションの管理力を高めるうえでの基盤となります。というと餅つきやクリスマス会などイベントの開催を連想するかもしれませんが、管理力につながるのはイベントの有無ではなく、住民同士がコミュニティ意識を持ち、横のつながりを持っているかどうかです。

競争力が高く、高値で売れていくマンションと、そうでないマンションとを比べると、前者のほうが住民同士の横のつながりが強い傾向にあります。ほかの住民とのつながりができやすいのは管理組合の役員が回って来たときですが、そこで管理の重要性に目覚めて、

「みんなでマンションを良くしていこう」と考える住民が増えていくと、そのマンションの競争力はおのずと上がっていきます。

このようなマンションでは、管理組合の役員の任期が終わった人たちも、大規模修繕委員会や防災委員会、イベント委員などにオブザーバーとして加わり、役員任せにせず、大勢で積極的にマンション管理にかかわっていくような体制がとられています。

役員の任期が一巡し、ほとんどすべての住民に役員経験があり、マンション管理に前向きなマンションは、管理力が非常に高まっている状態です。それは、新築にはない中古マンションならではの価値と言えるでしょう。

一方で、横のつながりを持って他人とかかわることに抵抗感を持つ人もいるかもしれません。よく「人付き合いが苦手だからマンションを選んだ」と言う人がいますが、そもそもこの認識が誤りです。

マンションは購入した途端、強制的に管理組合のメンバーに加えられ、一定の頻度で管理組合の理事会役員も務めなければならず、戸建住宅で生活するよりも断然人との関わりが多くなります。賃貸なら役員を務める必要もないので、無関心を貫けますが、マンションを買って区分所有者になったなら、人付き合いを避けては通れません。

仕方なく理事会の役員を務め、任期が終わると「後はもう関係ない」とばかりに、管理組合総会や防災訓練などのイベントにも参加しなくなるような住民ばかりだと、そのマンションは横のつながりが希薄になります。一見、気楽で良さそうに見えるかもしれませんが、こうした状況だと、管理費の値上げや長期修繕計画の見直しなど、今多くのマンションで問題になっている重要なテーマに関しても、活発な議論が望めないでしょう。

結果として、管理はすべて管理会社にお任せ状態になりがち。となると、頻繁に管理費が値上げされたり、本来不要な修繕工事が行われたりするかもしれず、異常に高コスト体質の住み心地の悪いマンションになってしまうリスクがあります。この状態ではもちろん管理力は高いとは言えず、市場における競争力は低下します。

中古マンションを買うのであれば、賑わいのあるコミュニティかどうかに注目すべきでしょう。イベントが盛況だったり、管理組合総会の出席率が高かったりすれば、ある程度横のつながりが保たれたマンションだと判断することができそうです。

【落とし穴33】マンションは災害に強いから安心して住める

【落とし穴32】でマンションの管理力を測るポイントとして「組合運営力」「メンテナンス&資金力」「コミュニティ&住み心地力」について解説しましたが、ここからは4つ目の「防災力」について詳しく掘り下げていきましょう。

2024年の元日に発生した能登半島地震の大きな被害は記憶に新しいところですが、災害大国・日本では地震や津波、高潮、台風・暴風雨、洪水、土砂災害といった自然災害が後を絶ちません。近年は気候変動の影響で、災害の規模は激甚化しており、これから住まいを選ぶのであれば、被害を最小限にとどめられそうなエリアを探したり、マンションであれば防災対策を入念に行っているところを選ぶ視点が不可欠となります。

近い将来には、災害リスクの高いエリアにある不動産の鑑定評価が下がる可能性もあります。これまでの日本では、災害リスクの高低が不動産鑑定評価に反映されてきませんでした。しかし、実際に災害で被害を受ければ確実に資産価値は下がるため、あらかじめリスクを反映して評価をしておかなければ合理的とは言えません。

ちなみに2024年、これまで全国一律だった火災保険の水災部分の保険料が、エリアごとの災害リスクの高低に応じて変動する予定です。たとえば、低地で河川の氾濫の影響を受けやすいエリアは保険料が高く、そうでないエリアでは安くなり、**もっとも高いところでは低いところの1・5倍程度の保険料になる**とされています。

今後は、不動産鑑定評価も保険と同じように、災害リスクの高低で評価を変動させる動きが出てくるでしょう。すでに国土交通省も「実際に災害が起こったとき、その不動産にどの程度の損失が見込まれるか」などを計算し、不動産鑑定評価に適切に反映すべきとの見解を示しています。

資産価値が目減りするかもしれず、さらに保険料まで高くつくケースがあることを思えば、災害リスクの高いエリアの不動産をわざわざ選ぶのは得策ではありません。

エリアごとの災害リスクを知るためには「ハザードマップ」が役に立ちます。ハザードマップは各自治体が作成するもので、洪水ハザードマップのほか、都市の排水能力を超える水量が下水道に流れ込み、下水が逆流して起こる内水氾濫や、高潮、津波、土砂災害の危険エリアを表示するもの、火山の噴火による影響が及ぶエリアや、ため池の決壊時の浸水エリアを表示するものなど、さまざまな種類があります。

自治体によって提供しているハザードマップの種類には差がありますが、**最近は内水氾濫による被害が非常に増えているため、内水ハザードマップがある場合はよく見ておいたほうがいい**でしょう。

近年、内水氾濫でもっとも話題になったのは、2019年の令和元年東日本台風で、神奈川県川崎市にあるオール電化のタワマンが2週間以上も停電した事例です。このタワマンでは地下にあった電気室（電気設備が格納された部屋）が内水氾濫によって浸水したため、停電が起こってしまいました。

内水氾濫の際は真っ先に地下から浸水しますが、タワマンに限らず電気室はマンションの地下に設けられている場合が多いため、停電したり、地下の駐車場が浸水して車が故障したりする被害は、実は少なからず起きています。

そのため、中古のマンションを買う際には、そうした被害の履歴がないかどうかも必ずチェックしましょう。買う前に近所の人に話を聞いたり、地元の不動産会社に尋ねてみたりするのもおすすめです。ちなみに先ほど例に挙げたタワマンは、地下から地上へと電気室を移す工事を行ったそうです。一度は被害を受けたものの、それで防災意識を高めて、適切な対策を済ませているマンションに注目するのも手でしょう。

なお、ハザードマップはこまめに更新されるものです。昨今の気候変動により各種災害の危険エリアは徐々に広がっているので、物件を買う前だけでなく、買った後も年に1回くらいは最新のハザードマップを確認してください。

買った物件が数年後にハザードマップで危険エリアにかかってしまうケースはよくあります。いざというときにどうやって逃げるかなど、心づもりをしておくべきでしょう。

もちろんマンションを選ぶときにも、ハザードマップでリスクを警告されている災害に対し、どのように備えているかを知る必要があるでしょう。管理組合として何一つ防災対策をしていないマンションも多いですが、これから住むなら防災意識の高い物件を選びたいものです。

【落とし穴34】危険なので災害時は避難所に避難する

実際に災害が起こったときには「公助」「共助」「自助」の取り組みにより、被害を軽減することが重要と言われています。公助とは国や地方自治体のサポートを指し、共助は近所のコミュニティで取り組む備え、自助は自力で水や食品、防災グッズなどを準備することを指しています。大規模災害となると、どうしても公助だけで対応するのは難しくなってくるため、共助や自助が必要になるでしょう。

まず自助について言えば、最低限の備蓄品は必ず自宅に準備しておくべきです。大規模災害においては上下水道や電気、ガス、通信といったライフラインが、一定期間使えなくなることが予想されます。

「避難所に行くつもりだから、そこまでいらないのでは」と思いがちですが、マンションを買って住む場合、火災や建物の損壊などがない限りは避難所に行かず、自宅でライフラインが復旧するまで耐える生活（在宅避難）をする可能性のほうが圧倒的に高くなります。

特に、鉄筋コンクリート造のマンションとなると、大規模な地震が発生しても倒壊する恐れはあまりありません。耐火性が強いので、大規模な火災に巻き込まれるリスクも小さくなります。そもそも、避難所にはそれほど収容能力がないので、大規模マンションに住んでいる人たちが押し寄せたらパンクしてしまいます。それを避けるためにも、**マンションなら原則、在宅避難をすべき**だと考えましょう。

家が無事なのはありがたいことですが、トイレの水を流せなくなったり、エレベーターが動かなくなって不自由したりすることが想定されるため、最低でも飲料水、食品、簡易トイレの備蓄は必要。分量は、家族の人数分×1週間～10日分が目安となるでしょう。

そのほか、あると便利なものについては、日本財団のYouTube「災害 あなたができるアクション」シリーズなどを参考にしてみてください。

非常食は賞味期限が5年ほどあるものが多いですが、長く持つがゆえに賞味期限切れに気づかず、ずっと放置している家庭も多いかもしれません。それではいざというときに使えませんので、4年に一度程度はチェックし、中身を入れ替えましょう。

使わなかった非常食は、もちろん食べてもいいのですが、食べないのであれば余っている食品を寄付できるサービスもあるので検討を。寄付した食品は、その食品を必要としている人の元へ届けられます。

住民の在宅避難が想定される以上、マンションとしての防災対策、すなわち共助の取り組みも重要になってきます。しかし、国土交通省の「平成30年マンション総合調査」によると、大規模災害への備えを行っているかという問いに対し、「特に何もしていない」「不明」と回答した管理組合が全体の3割近くにも及んでいました。

実際、防災マニュアルがなかったり、防災委員会が設置されていなかったりするマンションも少なからずあります。このようなマンションでは、ほとんど共助が期待できませんし、有事の際にパニックに陥ることは必至。耐震性が確保されていれば住む場所を失うリスクは低いとはいえ、最悪の場合、命を落とす危険すらあります。

そのため、**これからマンションを選ぶのであれば、防災に対する取り組みを行っているかどうかに注目したい**ところ。防災委員会を設置して、そのマンションの実態に即した防災マニュアルを作成し、定期的に防災訓練を行っているか。また、居住者名簿もあったほうが安心です。

個人情報保護法に基づき、居住者名簿は管理会社が作成するのが一般的で、それを管理組合と共有するのは難しいですが、災害のときに備えて管理組合で別途名簿を作っておけば、安否確認に役立ちますし、寝たきりや車いすなどで優先的に手助けが必要な人を把握することもできます。

せっかく防災用品を蓄えていても、住民がそれを使いこなす訓練をしておらず、いざというときに使えないパターンもありがちです。たとえば、用意しておいたトランシーバーが使えない、カセットボンベ発電機が保管方法を間違えて稼働しないなど、備蓄品のメンテナンス不足で防災用品を宝の持ち腐れにしてしまった話はよく聞きます。

機械の類いは防災委員会で定期的に試運転をする。防災訓練で住民がそれらを使えるようにする。また、訓練時には止水板や土嚢などを含む防災用品や、食品、水などの備蓄品がどこに保管されているのか、住民間で情報共有も必須です。

【落とし穴35】災害への備えはマンション住民を念頭に行う

鉄筋コンクリート造のマンションは地震に強く、火災にも強いというハード面でのメリットが大きいことは【落とし穴34】でもご説明した通りです。その特性を活かして、最近ではマンションと自治体が協力し、**災害時にマンションの共用スペースを避難所として開放する**取り決めをするケースも出てきました。避難所指定されたマンションは、自治体と連携して防災備蓄品などをストックし、万一の事態に備えます。

多くのマンションは堅牢であるうえに、巨大な受水槽を備えていることもあります。受水槽とは、水をためておくタンクのこと。マンションの給水方式は、公営の水道管から直接住戸に給水される直結直圧方式と、いったん公営の水道の水を受水槽にためて、そこからポンプで各戸に給水する受水槽方式などがありますが、後者であれば公営の水道が断水で使えなくなっても、受水槽に相当量の水がストックされているので、しばらくは持ちこたえることができます。

といっても、停電するとポンプが動かなくなるために断水してしまうのですが、主要なインフラのなかでもっとも早く回復しやすいのは電力です。東日本大震災や阪神淡路大震災の例に照らし合わせてみても、水道は平均1カ月前後、ガスは1～2カ月も復旧までに時間がかかるので、受水槽に水のストックがあるのは心強いでしょう。

避難所として開放すると、災害時の貴重な水をマンション住民以外とも分け合うことになりますが、こうして開放することで地域住民と連携ができれば、マンションが孤立する恐れはなくなります。

災害時はさまざまな場面で人手がいり用になり、助け合いが求められることが予想されるため、孤立化を防ぐ対策は重要です。できれば、管理組合が周辺エリアの町内会などとつながりを持ち、災害時に避難所として開放することを通達、協同で防災訓練なども行うことができればベストです。

なかには、地元の商店街とタッグを組み、普段からお祭りなどのイベントを行って、交流を深めているマンションもあります。マンションの住民同士や周辺住民とのつながりは、防災のレベルの向上に直結するため、積極的に取り組んでいるマンションが理想です。

【落とし穴36】大規模機械式駐車場の存在は管理の足かせだ

維持・管理にかかるコストのことを考えると、マンションの共用施設が豪華すぎるのは後々重荷になりがち、というのはこれまでにも述べてきた通りです。特に、機械式の大規模駐車場は保守・点検の費用のほか、25年もすると更新が必要になり、億単位の出費を余儀なくされます。

最近は都市部を中心に自家用車を持たない人が少しずつ増え、高齢になると免許返納で車を手放すケースも多くなることから、都心の中古マンションでは駐車場使用率の低下が問題になっています。

これは資産性にかかわってくる由々しき事態です。もし、マンションの購入を検討している人が、ガランとしてあまり使われていない駐車場を見たら（多少マンション管理の予備知識を持っているという前提ではありますが）、このマンションは財務に問題がないのかと不安になるのではないでしょうか。

しかし少し郊外に目を向けてみると、まだまだマイカー所持率の高いエリアも多く、そのようなエリアでは、マンションを買うなら駐車場も使いたい、というニーズが依然として高くなっています。

千葉県のとある大規模マンションでは、デベロッパーがそのニーズに目をつけ、新築分譲時に駐車場附置率100%で、全世帯分の駐車場を完備していることを売りとしてマンションを販売しました。

そのエリアの周辺マンションは、駐車場附置率がおおむね70%前後だったため、100%の附置率を謳えば、ほかの物件との差別化を図れます。実際、敷地内の駐車場を必ず確保できる点に魅力を感じた多くの人が、マンションを購入しました。

当初このマンションでは、住民が負担する管理費のなかから駐車場の日常的な保守・点検コストを拠出、修繕積立金のなかから駐車場の修繕コストを拠出するというルールになっていました。

ただ、マンションの建物の管理・修繕のためのお金と駐車場関連のお金が混ざり合っていると、必然的に駐車場にかかるお金の流れが見えにくくなります。そこでこのマンションの管理組合は、駐車場会計をマンションの管理・修繕費用と切り離して独立会計とし、これまで、そしてこれからかかるお金の流れを「見える化」することにしました。

駐車場会計を独立会計として切り離すことは、実は資産性にかかわる重要なポイントです。駐車場使用料を修繕積立金会計に含めていると、駐車場の修繕が必要になったとき、マンション全体の修繕積立金の会計収支に影響し、下手をするとマンションと駐車場のどちらの修繕積立金も足りない、といった事態になりかねないからです。さくら事務所が駐車場の多いマンションを探している人にアドバイスするとしたら、**駐車場会計が分離されているマンションを選んだほうがいい**、と言うでしょう。

先のマンションでは駐車場会計を切り離した結果、附置率100%の機械式駐車場を維持するのにとんでもないコストがかかることを把握しました。当然ながら、駐車場附置率70%のマンションと100%のマンションでは、負担するコストがまったく違います。時間の経過とともに、少しずつ駐車場使用率が減少していることも見えてきました。

こうした実情を踏まえて、このマンションでは「今後も駐車場の使用率が下がり続けたらどうするか」を議論するように。仮に使用率の低下を受けて、今後の更新（機械の入れ替え）の際に全体の3分の2しか更新しないようにすれば、更新費用は大幅に削減できます。実際、機械式駐車場を一部廃止することでコストを大幅に削減し、財務の健全化を図るマンションも増えてきています。

駐車場の縮小化案も含めて、管理組合では駐車場の長期修繕計画を立てることにしました。ただ、このマンションがほかのマンションと違っていたのは、すぐさま駐車場の縮小化に舵を切らなかったところです。

もちろん、将来的に駐車場にかかるコストは重荷ではあるのですが、反面、駐車場附置率100％というのは自分たちのマンションの強みであり、資産性を高める要素でもあります。実際に、附置率100％だったからこそほかのマンションと差別化ができ、選ばれてきたという実績もあります。

そこで、駐車場の縮小ありきではなく、健全な会計で駐車場を維持する方向で計画を立てられないか、という方向で議論が重ねられることに。今では再三の議論の末に作り上げられた長期修繕計画の下、今のところは駐車場附置率100％を売りとして、そのマンションは資産性を高めることに成功しています。

【落とし穴37】どんなマンションも好きなようにリノベできる

長く住んでいると家族構成が変わり、住んでいる人もだんだん年齢を重ねていきます。30歳から住み始めて30年経ったら60歳になるわけですから、子どもは巣立ち、自分たちのライフスタイルも変わっていくなかで、使い勝手を良くするためにリノベーションを考える機会は増えるはずです。

これから買うなら可変性が高く、リノベーションをしやすい物件を選ぶことをおすすめします。いつか物件を売るとしても、可変性の高さはセールスポイントになるでしょう。

逆に可変性が低く、リノベーションが難しい物件を選んでしまうと、後々「こんなはずじゃなかった」と後悔することになるかもしれません。あまり知られていませんが、**世の中には意外とリノベーションが難しい物件が多い**のです。

リノベーションをするときには次のポイントをチェックしてください。

①階高が3m程度ある

階高《かいだか》とは、床スラブから上階の床スラブまでの距離のこと。スラブとはコンクリート製の構造床のことです。天井裏や床下には給排水管や電気配線などを通すためのスペースが設けられるため、階高は室内から見た天井高よりも高くなります。階高が３ｍ未満だと、リノベーションで床を上げることになったときなどに圧迫感が出るため、思うように工事ができなくなるリスクがあります。

②二重床・二重天井になっている

コンクリートのスラブの上に、直接フローリングなどの仕上げをした床を「直床」と呼びます。これに対しスラブ面と仕上げをした床の間に空間が空いている床を「二重床」と呼びます。同様に、天井スラブに直接仕上げがしてあるのが「直天井」、空間が設けられているのが「二重天井」です。

直床や直天井だと空間がないので、最初に設置した照明器具の電気配線や給排水管を移動するのが難しくなります。その点、二重床や二重天井はこれらの移動が比較的簡単で、間取りの変更がしやすいと言えます。

③床に段差がなくフラット

段差がある場合、高いところは下に給排水管が通っていて、低いところは直床というパターンがあります。この場合も給排水管の移動は難しく、リノベーションで水回りの位置を移動するのが困難なことがあります。水回りは移動しないとしても、子どもがつまずいたり、高齢になったときに使いづらくなったりすることも考えられるため、床はなるべく段差がなく、フラットなほうがベターです。

④室内に梁や柱型がない

天井に沿って梁《はり》が突き出していたり、部屋の隅に柱が張り出していたりすると、家具を置く場所が限られてきます。最近では柱や梁を室外に出すアウトフレーム工法といった技術もよく採用されているため、このようなすっきりとした工法で作られている部屋が望ましいでしょう。

⑤排水管が床スラブの上を通っている

排水管は床スラブの上を通っている場合が多いのですが、古い建物だと床スラブを貫通し、床スラブと下の階の天井の間に排水管が通っていることがあります。この場合、下の階の天井裏を解体しないと配管が交換できない場合があり、非常にメンテナンスがしづらいため、極力避けたほうがいいでしょう。

⑥パイプスペース（PS）が部屋の隅にある

物件の間取り図によく書かれている「PS」の文字。これはパイプスペース（またはパイプシャフト）の略です。給排水管やガス管を収める場所で、基本的には移動できません。PSが部屋の外や端のほうの邪魔にならない場所に設置されているのが理想ですが、物件によっては微妙な場所に設置されていて、間取り変更が制限されるケースもあります。

さて、ここまで可変性という観点から見た主なチェックポイントを挙げてきました。新しいマンションは、基本的には可変性を考えた作りになっている場合が多いため、問題になりがちなのは築古の物件です。

通常のマンションは、管理規約に専有部の改修細則が定められていますが、古い物件になると、きちんと定められていないことも。リフォームはマンションの知識の乏しい業者が行う場合もあるため、規約など気にせず工事してしまい、後々騒音だの違反だのトラブルになりがち。せめて**規約の細則がどうなっているかは事前に確認しておきましょう。**

【落とし穴38】細部までこだわったリノベ物件は高く売れる

資産性を極力落とさずにリノベーションするポイントも押さえておきましょう。基本的に、リノベーションは自分のライフスタイルに合わせて行えばいいのですが、**こだわりを詰め込みすぎると、かえって市場流通性が低下する**恐れがあります。

たとえば、人気のアイランドキッチン。こだわって作る人が多い一方で「アイランドキッチンは使いづらい」という意見も根強いもの。よって、アイランドキッチンにこだわると、市場流通性が大きく下がる可能性があります。

前にも例として挙げましたが、50㎡以上あるのにワンルームのような極端な間取りも敬遠されます。物件を探す際には物件情報サイトで検索条件を設定しますが、そのときに「専有面積50㎡以上」、間取りは「ワンルーム」で物件を絞り込む人はあまりいないでしょう。そのため、多くの人の目に触れづらくなり、売れにくくなっていくのです。さくら事務所のグループ会社、らくだ不動産でもこのような物件の売却相談を受けましたが、妥当な価格だったにもかかわらず、なかなか売れなくて苦戦したことがあります。

過剰に広いワンルームのようにその場所で生活することを想像しにくい物件よりも、ここが寝室、ここがリビングでソファを置いてくつろぐ場所、ここが子ども部屋——などという具合に、わかりやすく生活風景が思い描けるような物件のほうが、売れるのは早くなります。

加えて、市場流通性が高くなるのは、やはり可変性のある物件です。仮に広いワンルームだったとしても、簡単に壁を取り付けて部屋を仕切れるスライディングウォールを付けられるようにしておき、必要に応じて二部屋に分けられるようにしておけば、引き合いは強くなるでしょう。

一方で、多くの人に刺さりそうなコンセプトがあることも売りになります。ちょっとしたスペースに書斎を作って「ワークスペース」のある物件であることを売りにする。狭くても書斎を持ちたいというニーズは多いので、目を付けられる可能性は高まります。

逆に、コンセプトを明確にせず、中途半端なサイズの部屋を物置代わりにしていて、何の説明もなく売り出すと、「これ、何の部屋?」「もったいない間取りなのでは?」という印象を与え、売れづらくなってしまいます。

昔は収納が少ないマンションも多くありましたが、今は収納が充実していることもマスト。自己流にリノベーションすると収納が少なくなることがままありますが、それだけで売れにくくなるのは必至です。

生活動線も重要です。たとえば、キッチンと脱衣所、洗面所がつながっていて回遊できるような間取りや、すべての水回りが一直線上にあり、移動がしやすい間取りだと、家事動線としては秀逸。逆に動線が複雑だと、微妙に毎日の暮らしが不便になることが容易に想像できるため、やはり敬遠されてしまいます。

意外と考えない人が多いのですが、リノベーションする際には周囲の住戸への配慮も忘れてはいけません。たとえば下の階の寝室の真上、もしくは隣の部屋の寝室に接する部屋に子どもがドタドタ走り回るような部屋を持ってきたら、**騒音で苦情が来るリスクが高まります**。基本的には下の階のことを考えるなら水回りの上に水回り、リビングの上にリビング、と揃えたほうが無用なトラブルを生みにくいでしょう。

また、今後増えてきそうなのがタワマンを買ってリノベーションするケースです。**タワ**

マンのリノベーションで気をつけたいのは、業者選びです。

タワマンには、普通のマンションとは異なる特性がいくつもあります。たとえば住戸間の壁には、軽量化のためにコンクリートではなく乾式壁が採用されています。石膏ボードの間にグラスウールを挟んだ壁で、防音性は一定保たれますが、どうにかして破壊しようと思えば、破壊できてしまう程度の強度です。

しかしタワマンに不慣れな業者だと、コンクリート壁と同じような感覚で作業をしてしまい、壁を破損したり、隣の住戸に被害を及ぼしたりした事例も。

加えてタワマンは搬入経路が複雑だったり、管理規約や使用細則で定められているルールが複雑だったりするケースもありがちです。高層階だと工事期間中エレベーターでの移動に手間がかかり、ずっとエレベーター一基をふさいで住民に苦情を言われることもあるかもしれません。

今後、タワマンのリノベーション案件は加速度的に増えると考えられます。慣れない業者が工事をするともめ事が頻発し、大きな問題になることも考えられるのです。

【落とし穴39】住宅設備のメンテナンスは壊れてからでいい

住まいの資産性を維持するためには、メンテナンスも重要です。たとえば、キッチンのレンジフードやガスコンロ、トイレ、お風呂といった住宅設備は、だいたい10〜15年ほどで不具合が出やすくなってきます。給湯器は10〜15年、給排水管は種類によって耐用年数が異なりますが、おおむね20〜30年ほどで更新サイクルが巡って来るイメージです。

基本的には、不具合が出始めたところで早めに修繕がベター。**特に怖いのは水回り**で、ほったらかしにすると漏水の恐れがあります。ひどい場合だと、階下に水漏れし、さらにその下の階まで水漏れ、また横の住戸にまで水漏れが広がり、一つの家からの漏水で合計6戸もの住戸に被害を及ぼした事例もあります。被害総額は1億円以上です。

給排水管の横引き管は専有部なので、そこから漏水したら専有部の住民の責任になります。もちろん一定程度は保険でカバーできますが、大きな被害を発生させてしまったら、そのまま同じマンションに住み続けることは、心情的にかなり難しくなるでしょう。

もし漏水箇所の真下に自力での移動が難しい赤ちゃんや寝たきりの人がいたら、漏水が原因で亡くなるリスクも想定されます。その場合、漏水を出した人の責任の重さは計り知れません。

給排水管の交換は大工事ですが、新築なら買って20～30年経ってライフスタイルが変わり、そろそろリノベーションしよう、という頃合いに一緒に交換するのが理想です。

家電も10～15年ほどで故障することが多いですが、最近増えている天井に埋め込まれたエアコン（天井カセット型）や、エコキュートのような省エネ性能の高い給湯器は、交換費用が高額になりがちです。天井カセット型のエアコンは、一般的な家電量販店や電気屋では対応していないことも多く、交換費用が高くつきます。エアコン本体も外付けエアコンより高額で、交換のたびに後悔することになるかもしれません。

それらの設備が資産性を高める決め手になるかどうかは微妙なところなので、特にこだわりがなければ、コスト重視で住宅設備を選んだほうが無難です。

資産性を高めるという意味では、もともとなかったものを付け加えることで、居住快適性を上げる工夫をするのも手。たとえば、窓を二重サッシにする（内窓をつける）。断熱性が高まり、遮音性もアップします。外側からの熱気や冷気を抑えるため、夏場の暑さ、冬場の寒さが緩和され、エアコンの効きも良くなるため、電気代を削減することが可能です。

マンションの窓のサッシや窓ガラスは専有部と間違えられることも多いが、実際には共用部分なので、原則として個人で勝手に工事することはできません。事前に管理組合に確認し、許可をとる必要があります。しかし、二重サッシは室内側で専有部内だけで工事が完結するため、基本的に個人で取り付けることができます。

国や自治体も積極的に二重サッシによる断熱化を推奨していて、補助金も用意されています。たとえば、国の「既存住宅における断熱化リフォーム支援事業」（2024年1月〜3月に公募分）では、二重サッシなどの断熱工事を行うにあたり、戸建住宅の場合だと、1住戸あたり120万円を上限に、補助対象費用の3分の1以内の補助が受けられます。集合住宅の場合だと上限は15万円で、同様に補助対象費用の3分の1以内の補助が受けられます（所定の条件を満たす必要があります）。

今後も、二酸化炭素排出削減の観点からこうした補助金は継続されていきそうなので、うまく活用していきましょう。

壁に断熱材を入れる場合も、補助金がもらえる可能性があります。築古のマンションでは、外壁や屋上に断熱材が入っていない建物もあります。こうしたマンションだと、夏は異常に暑く、しかも熱気がこもり、エアコンが効きづらくなります。冬は冬で非常に冷えるでしょう。断熱材が入っていないと、冷えた外壁のコンクリートと暖かい室内の温度差が大きくなり、壁で結露が起きカビの温床になることも考えられます。

断熱材を入れると暑さ・寒さだけでなく、壁の結露もだいぶ緩和されることがあるので、**リフォームをする機会があったら、必ず断熱材を入れましょう。**

一般に、冬暖かく夏涼しい快適な部屋で暮らしたほうが健康寿命は延びると言われています。また、窓や壁内の結露の発生を抑えることができれば、カビやダニの繁殖を防ぐことにつながるため、アレルギーや喘息を誘発しづらくなる効果も期待できます。

逆に断熱性能が低く生活しづらい家はランニングコストが上がったり健康面にデメリットがあるなど魅力に乏しいため、そのままにしておくと、今後の流通可能性は低下していくでしょう。

【落とし穴40】マンションの「終活」はまだまだ先のこと

今のマンションは、未来永劫建て替えたり解体したりしないという前提で超長期の修繕積立計画を立てるのが良しとされています。実際、長期的な目線で計画をすることは重要ですし、鉄筋コンクリート造の建物は定期的に修繕を繰り返すことで、築100年以上になっても延命できるでしょう。ただ、現実問題として日本に築100年を超えるマンションはなく、古い集合住宅は建て替えや解体が実施されています。よって、お手本にできるようなモデルケースはありません。

マンションが古くなるとともに、住民も高齢化します。築古でも高値で取引される前述した例のように、世代交代をしながら住み継がれるマンションもあり、それは一つの理想形と言えますが、どのマンションにも次々と若い世代が入ってきてくれるわけではありません。現実には**建物も住民も同時に老いていくマンションのほうが圧倒的に多い**のです。

高齢者ばかりのマンションでは、管理組合の機能がおのずと低下していきます。その結果、荒廃してしまったマンションがあることは、ここまでにも述べてきた通りです。

滋賀県野洲市では、築50年近い鉄骨造の分譲マンション（全9戸）が廃墟化。長年にわたって住人は一人もおらず、建物は老朽化が進み、壁などの剥落で事故が起きることや、アスベストの飛散などが危ぶまれていました。

野洲市はこのマンションの区分所有者に解体要請を出しましたが、解体費用は1戸あたり約1300万円と高額で、実際に回収できたのは3戸分のみ。残りは市が公金を投じ、「空き家対策特別措置法」に基づく行政代執行によって解体を終えています。

このような事例は今後増加する可能性が高いでしょう。マンションの老いを止められず、費用面から建て替えも難しいとなったとき、一体どのような出口に向かっていくのがベストなのでしょうか。

考え得るのは、**一定の期間でマンションを解体することを決めておき、解体後は敷地を売却して、それを区分所有者に分配する**というやり方です。区分所有者はそのお金を手にして、別のところ（老人ホームなど）に住み替えることができます。

たとえば、「竣工から60年後に解体する」と決めたとします。築60年目の出口までに管理組合がやるべきことは、それまで安全に生活するための長期修繕計画を立てること。その点は、期限を決めていないマンションと何ら変わりませんが、工事に対する考え方は多少変わるはずです。

仮に18年周期で大規模修繕工事を行うとして、通常だと3回目あたり（築54年目）の修繕は、かなり大がかりになることが予想されます。しかし、60年で解体するというゴールが決まっていたとしたら、あと6年持たせればいいだけなので、そこまでお金をかけた工事をする必要がありません。そのため、修繕積立金を合理的に削減することができます。

一方で、修繕積立金とともに「解体積立金」を少額ずつ貯めておく必要はあります。定期借地権のマンションだと、借地期間満了時に更地で返すために解体積立金を貯めておくので、これと似たようなイメージです。

このような取り組みを検討している管理組合はまだほとんどありませんが、人口が減少しているのに住宅の供給は続き、空き家問題が深刻化している今、このような選択が今後ポピュラーになってくる可能性は十分にあります。

マンションを解体した跡地はかなりの広さになるので、ホテルやオフィスビル、学校などの建設用地として買い取られることもあるでしょう。旧耐震の時代に建てられた古い物件は、都心の好立地に建てられているケースも多いため、更地にして土地を売却することで、利益を得られるかもしれません。

ただ、【落とし穴3】にも出てきたように、日本の不動産価格は三極化が進んでいるため、郊外の駅からも遠い場所となると、土地価格が大幅に下落し、解体して敷地を売却しようにも売れない、もしくは安値しかつかない可能性も高くなります。

そうなると、住む家がなくなり、住み替えるお金も手にできなくなってしまう人が出てくるという問題はあります。

しかし、最近では国もマンションの老朽化問題に向き合っています。このような形のマンションの「終活」を根付かせるため、法令の改正や補助制度などを整備していくことも考えられるでしょう。

【落とし穴41】マンションの売却は、高い査定額を出した不動産会社に頼む

自分が住むための不動産を買う場合、なるべくいい物件を安く買いたいところですが、自分にとって都合のいいタイミングと、不動産市況が安くなっているタイミングが合致するとは限りません。売る場合も同様で、高値で売りたいと思っても、そう都合よく事が運ぶかどうかは難しいところです。

今のように市況が好調であっても、必ずしも高く売れるわけではありません。**たとえば自分が5000万円で持ち家を売り出したとき、同じマンションでまったく同じ広さ・間取りの物件が3000万円で売り出されていたら、絶対に売れないでしょう。**これは極端な例ですが、不動産売買はマクロの市況以上に、ミクロの競合に左右されがちなものであることは事実です。

売却を検討する際は、一般的に不動産会社に仲介を依頼し、買主を探してもらいます。この不動産会社選びは非常に重要で、「うち、高く売りますよ」などと根拠のないことを

言ってくるところを選ぶのはＮＧ。高い査定額をつけたからといって、実際にその値段で売却できるとは限らないので、**査定額よりも売るためにどんな工夫をしてくれる会社なのかをチェックする**必要があります。

高く売るために重要なのは、マーケットに合わせて柔軟に対応することです。たとえば、まず５０００万円で売り出して様子を探る。１週間で問い合わせ10件以上、内見希望が２件以上入らなければ、価格を少し下げる――といった具合に、マーケットにおける引き合いの強弱を見計らいつつ、常に最適な戦略を考えてくれる不動産会社がベストです。

仮に同じマンション、同じ広さの部屋で、急いで売りたいのか３０００万円で売却している物件が出ていたら、いったん売るのをやめて様子を見ましょう。同じタイミングで５０００万円で売り出したら絶対に売れず、価格を引き下げざるを得なくなるからです。

住み替えを検討していて早く売りたいケースなども多く、焦ってしまうこともありがちですが、必ず足元を見られてしまうので、納得の行く価格を守ってじっくり売りたいところ。かといって半年や1年もずっと売却情報を出し続けていると、頻繁に物件情報を見て物件を探している人に「売れ残り」のような印象を与えてしまいます。

情報は鮮度が命なので、古くなると見向きもされなくなります。そのため、物件情報を3カ月出しても売れなければ、いったん売却を中止して1カ月休む。その後、多少内容をリニューアルして再び物件情報を出せば、その情報の鮮度は保たれます。戦略に長けた不動産会社であれば、このような駆け引きはお手の物のはずです。

すべてを不動産会社任せにするのではなく、売主としてもできることはあります。買主は物件情報サイトを見て情報収集をするため、物件の説明文は非常に重要です。書くのは不動産会社の担当者ですが、その人は実際に住んでいるわけではないので、住んでみたからこそわかるようなリアリティのある紹介文は書けません。

売主のほうから「そもそも自分がこの物件をなぜ買ったのか」「住んでみて良かったのはどんなところか」などを文章にまとめて、不動産会社に渡すといいでしょう。「雨の日でも、駅から濡れずに家に帰れる」「リビングが広々としていて明るい」「駅からかなり近いけど、線路側の部屋ではないから騒音は気にならない」「晴れた日は富士山がよく見える」「高層階なので夜景が最高にきれいで癒やされる」など、具体的なメリットを挙げるのがおすすめ。景色について言及するなら、写真を一緒に不動産会社に渡しましょう。

リノベーションを行っているなら、その点も詳細にアピールを。たとえば「トイレ・2018年に交換済み」などと書くだけより「トイレ・2018年にTOTOのハイグレード商品『○○（商品名）』に交換」と書いたほうが、格段に魅力はアップします。ワークスペースのようにこだわった場所があるなら、そこも売りになるでしょう。

買主は一度や二度内見しただけでは、物件について隅々まで理解することはできません。ですので、**このように詳細な説明があると、俄然関心を高めてくれる**ものです。うまくアピールすれば、その買主は物件を「買ってくれる人」ではなく「買いたくて仕方ない人」になっていきます。そこまでいけば、高値で売却できる可能性はかなり高くなってきます。

大規模なタワマンなどは、住戸数が多いためにライバルも多くなります。戸建住宅だとまったく同じ条件の物件というのは存在しませんが、マンションだとほぼ同じ条件の部屋もあるので、同時に売り出されたときにはライバルになります。そこで差別化をするためにも、前述のようにアピールをすることが大きな意味を持ってくるのです。

おわりに

近年「VUCA《ブーカ》（Volatility・Uncertainty・Complexity・Ambiguityの頭文字を取った造語）」という言葉を頻繁に見聞きするようになりました。もともとは米露の冷戦が終結した後、軍事的に先行きを見通すのが困難な状況を指して用いられた言葉だそうですが、昨今ではビジネスの世界でよく使われています。

それは、本書の「はじめに」でも触れているように、今が歴史的な大変革期の真っ只中にあり、未来の予測が大変難しい時代になっているからです。これはビジネスの世界に限ったことではなく、社会全体について言えることです。

そのような混沌のなか、健やかで充実した生活を送るためには、知識という武器が必要になってきます。生活を包み込む「器」であるマイホームについても、知識がないままに選択をすれば、後悔や失敗を招くリスクが高いと言えます。

本来、自分の人生の主役は自分自身であり、家はそのサポート役に過ぎません。しかし、選ぶときに失敗してしまうと、サポート役であるはずの家に振り回され、理想とかけ離れた生活を送ることを余儀なくされてしまいます。

さくら事務所ではそんな状況を変えるべく、本書のような書籍やＹｏｕＴｕｂｅ、さまざまなメディアでの執筆、講演などを通じて、マンションをはじめさまざまな不動産選びの知識やノウハウを全力で伝えてきました。私たちは「人と不動産のより幸せな関係を追求し、豊かで美しい社会を次世代に手渡すこと」を理念としていますが、今は不動産との関係がこじれて、不本意なライフスタイルを強いられる事例が散見されます。

もし、今よりずっと多くの生活者が不動産選びの知識をアップデートさせていけば、売り手である不動産業界も変化せざるを得なくなります。この本の本編でも登場したような、上辺だけ立派でも住み始めてすぐに後悔するような物件は売れなくなり、そうした物件を取り扱う業者も淘汰されていくでしょう。

最終的には、どこでどうやって選んでも失敗のない物件だらけ、安心で安全な取引市場というのが理想です。夢物語のようですが、私たちさくら事務所はそうした世の中を作ることを本気で目指していますし、そのための一歩として、知っておいていただきたい不動産選びの知識を本書に込めたつもりです。

今回、本書をまとめるにあたっては、編集を担当してくださった小学館の木村順治さん、ライターの元山夏香さんにお世話になりました。また、日ごろから私たちの活動を応援してくださっている皆さまにも、この場を借りて御礼申し上げます。

２０２４年３月でさくら事務所は25周年を迎え、サービスを利用してくださったお客様は６万５５００組以上に。管理組合向けコンサルティング実績は７００組合を超えました。私たちにとって節目の年に上梓した本書が、読者の皆さまと不動産との幸せな関係を築く一助となれば、これに勝る喜びはありません。

２０２４年６月

さくら事務所代表取締役社長　大西倫加

長嶋 修［ながしま・おさむ］

１９６７年東京都生まれ。不動産コンサルタント。さくら事務所会長。ＮＰＯ法人日本ホームインスペクターズ協会初代理事長。１９９９年、不動産コンサルティング会社「さくら事務所」を創業する。著作に『バブル再び　日経平均株価が4万円を超える日』（小学館新書）など多数。

さくら事務所［さくらじむしょ］

１９９９年、業界初の個人向け不動産コンサルティング会社として創業。第三者的立ち位置からの不動産売買に関するアドバイス、ホームインスペクション（住宅診断）、マンション管理組合向けコンサルティングなどを25年行っている。

取材協力：さくら事務所（大西倫加、山本直彌、田村啓、土屋輝之、友田雄俊、堤晴子）

構成：元山夏香

編集：木村順治（小学館）

マンションバブル41の落とし穴

二〇二四年　六月五日　初版第一刷発行

著者　長嶋 修、さくら事務所

発行人　石川和男

発行所　株式会社小学館
〒一〇一－八〇〇一　東京都千代田区一ツ橋二ノ三ノ一
電話　編集：〇三－三二三〇－五六二九
販売：〇三－五二八一－三五五五

印刷・製本　中央精版印刷株式会社

Printed in Japan ISBN978-4-09-825471-2